內 訓／내 훈

昭惠王后 韓氏 ● 李民樹 校註

弘新文化社

□ 책 머리에

3권 4책으로 된 〈내훈(內訓)〉은 소혜왕후(昭惠王后) 한씨(韓氏)가 조선 성종(成宗) 6년(1475)에 부녀자들을 가르치기 위해 펴낸 책이다.

소혜왕후는 좌의정(左議政)을 지낸 한 확(韓確)의 딸로서 서기 1437년에 태어나, 세조(世祖)의 며느리, 성종의 어머니로서 성종 때 인수대비(仁粹大妃)의 칭호를 받았고, 연산군 10년인 1504년에 세상을 떠났다.

엄격하고 예의바른 성품에 유교적인 부도(婦道)가 몸에 배었던 소혜왕후는 부모에 대한 효성 또한 지극하여 모든 여성의 귀감이 될 만했다.

소혜왕후는 여자의 수신서(修身書)라고 할 수 있는 〈내훈〉을 엮게 된 동기를 서문(序文)에서 다음과 같이 분명하게 밝혔다.

'한 나라의 정치가 잘 되고 못 되는 것은 내조(內助)의 공에 의해 좌우되는 일이 많은데, 여자들은 덕행(德行)의 높음을 알지 못하니 심히 한탄스러운 일이다. 그러므로 여러 책에서 중요한 말을 가려서 일곱 장(章)을 만들어 너희들에게 주니, 이를 거울삼아 조심할지어다.'

이 서문으로 보면, 〈내훈〉은 국가나 한 집안의 흥망, 남편의 출세 여부가 여자의 내조에 달려 있는 경우가 많은데, 우리나라 여자들은 올바른 훈육(訓育)의 기회가 없음을 염려하여 여자에게도 성인(聖人)의 도리를 가르칠 목적으로 만들어진 것임을 알 수 있다.

체제와 내용을 살펴보면, 「언행(言行)」「효친(孝親)」「혼례(婚禮)」의 3장이 제1권, 「부부(夫婦)」한 장이 제2권, 「모의(母儀)」「돈목(敦睦)」「염검(廉儉)」의 3장이 제3권으로 되어 있다. 그리고 책머리에는 소혜왕후 자신이 쓴 「내훈 서」, 책 끝에는 상의(尙儀) 조씨(趙氏)의 발문(跋文)이 실려 있다.

〈내훈〉의 원본으로는 성종 6년에 만들어진 일본 봉

좌문고본(蓬左文庫本), 만력(萬曆) 39년에 간행된 규장
각본(奎章閣本), 영조 12년에 간행된 어제내훈(御製內訓)
의 세 종류가 있는데, 본 책은 규장각본을 주텍스트로
삼고, 봉좌문고본을 참고로 하였다.

번역에 만전을 기하느라 애썼으나, 혹 미흡한 점이
눈에 띄더라도 너그러이 보아 줄 것을 부탁드리는 바
이다. 독자의 이해를 돕기 위해 원문과 함께 주(註)를
붙였으니, 참고하기 바란다.

문학적·민속학적 가치 외에 국어사적(國語史的)으로
도 큰 의의를 지닌 〈내훈〉을 내 역서(譯書) 목록에 추
가하게 된 것을 만년(晚年)의 큰 기쁨으로 여긴다.

1985년 7월

李 民 樹

□ 內訓 · 차례

□ 내훈 서(內訓序)

　무릇 사람의 출생은 천지의 영험한 기운을 이어받으며, 다섯 가지의 떳떳한 덕을 품고 있어 옥과 돌이 다를 것이 없다는 이치인데, 난초와 쑥에는 다름이 있으니 어찌 된 일인가. 자기 자신의 몸을 닦는 도리에 있어서도 다하고 다하지 못함이 있는 것이다. 주나라 문왕(文王)의 뛰어난 교화는 태사(太姒)①의 밝은 덕에 의하여 더욱 빛을 발했으며, 초나라 장왕(莊王)이 패주(覇主)가 되는 데에는 번희(樊姬)②의 힘이 컸으니, 임금을 섬기고 지아비를 섬기는 일에 누가 감히 이들을 따를 수 있으리요.

　나는 달기(妲己)③의 웃음과 포사(褒姒)④의 총애와 여희(驪姬)⑤의 울음과 비연(飛燕)⑥의 참소에 이르러서는 더 이상 글을 읽을 수가 없었으며, 마음 또한 매우 섬뜩해짐을 느꼈다.

이러한 것으로 보건대, 한 나라의 정치가 치란 흥망(治亂興亡)하는 것은 비록 남자 대장부의 총명함과 우매함에 달려 있다고는 하나, 역시 부녀자의 선악을 무시할 수 없는 것이므로 부녀자도 마땅히 가르쳐야만 한다.

무릇 남자는 마음을 호연(浩然) 가운데에서 노닐게 하여, 뜻을 여러 가지 오묘한 데에서 익힘으로써 스스로 시비를 잘 구별하여 가히 자기 몸을 지탱할 수 있으니, 어찌 나의 가르침을 기다려 행동하리요.

그러나 여자는 그렇지 못하여, 한갓 길쌈의 굵고 가는 것만을 알 뿐 덕행을 가까이해야 함을 알지 못하니 이것이 바로 내가 늘 한스럽게 여기는 바이다.

또한 사람이 비록 본래부터 맑게 통한다 하더라도 성인의 가르침을 보지 못하고 하루아침에 갑자기 귀하게 되면, 이는 곧 원숭이에게 관을 씌운 것과 같으며, 담장을 마주하고 서 있는 격이 된다. 그리하여 진실로 세상에 나서서 살아가기가 답답할 것이며, 남들과 이야기하는 데에도 어려움이 있을 것이다. 그러므로 성인이 가르치신 말씀은 가히 천금으로도 다 갚지 못한다고 말할 수 있다.

또한 일에는 어려운 것과 쉬운 것이 있다. 맹자가 이르기를

「태산을 옆에 끼고 북해를 뛰어넘으라고 했을 때에 '나는 할 수 없소.'라고 사람들에게 말하였다면 이는 정말로 할 수 없는 일이기 때문이지만, 웃사람에게 나뭇가지를 꺾어 드리라고 했을 때에 '나는 할 수 없소.'라고 대답하였다면 이는 하지 않는 것일 뿐으로 결코 할 수 없는 일은 아닌 것이다.」

웃사람에게 나뭇가지를 꺾어 드리는 것은 쉬운 일이지만 태산을 끼고 북해를 뛰어넘는 것은 어려운 일이다. 이것으로 미루어 보건대, 자신의 몸을 닦는 도는 너희들이 그리 어렵게 여길 일이 아니다.

요(堯)와 순(舜)은 천하의 큰 성인인데, 각각 단주(丹朱)와 상균(商均)이라는 아들이 있었다. 엄한 아버지가 열심히 가르쳤지만 오히려 어질지 못한 아들들이었다. 더구나 나는 홀어머니이므로 옥 같은 마음을 지닌 며느리를 맞고 싶구나. 이리하여 〈소학(小學)〉〈열녀(烈女)〉〈여교(女敎)〉〈명감(明鑑)〉등이 지극히 적절하고 절박하며 명백한 책이었으나 권수가 자못 많아 쉽게 알지 못할 것 같으므로, 이에 네 권의 책 중에서 중요한 가르침을 취하여 일곱 장으로 엮어 너희들에게 주노라.

아아! 한 몸의 가르침이 다 여기에 있으니, 자칫하여 한 번 잃으면 비록 후회한다 한들 어찌 좋으리요.

너희들은 이를 명심하고 뼈에 새겨 매일 성인의 뜻을 따르도록 하여라. 밝은 거울은 더 빛이 나는 법이니 어찌 경계하지 않을 수 있으리요.

성화 을미 첫겨울 어느 날

凡 人之生이 稟天地之靈하며 含五常之德하여 理無玉石之殊한데 而有蘭艾之異는 何則고, 在於修身之道를 盡與未盡矣니 周文之化는 益廣於太姒之明하고 楚莊之覇가 多在於樊姬之力하니 事君事夫가 孰勝於此이리요.

余 讀書而至於妲己之咲와 褒姒之寵과 驪姬之泣과 飛燕之讒하여 未嘗不廢書寒心하노라.

由此觀之하건대 治亂興亡이 雖關夫主之明闇하나 亦繫婦人之臧否라 不可不敎이니라.

大抵 男子는 淤心於浩然하며 玩志乎采妙하여 自別是非하더 可以持己이니 何待我敎而後에 行也리요.

女子는 不然하여 徒甘紡績之粗細하고 不知德行之迫雲하나니 是余之日恨也이니라.

且人이 錐素淸通하여도 不見聖學하고 而一旦遽貴하면 則是沐猴而冠이며 而牆而立이라 固難立方於世하고 語之於人이니 聖人謨訓이 可謂千金不償矣로다.

且事有難易하니 孟子가 曰하시되 挾太山하여 以超北海를 語人曰하되 我가 不能이라 하면 是는 誠不能也이거니와 爲長者하여 折枝를 語人曰하되 我가 不能이라 하면 是는 不爲也인지 非不能也이라 하시니 爲長者하여 折枝는 易하고 挾太山하여 超北海는 難하니 此觀之하건대 修身之道는 非若等의 所難也이라.

堯舜은 天下大聖이시되 而子有丹朱商均하니 嚴父가 孜訓之前

에도 尙有不淑之子인데 呪余는 寡母라 能見玉心之婦耶아. 是以
로 小學, 烈女, 女敎, 明鑑이 至切且明하되 而卷秩이 頗多하여
未易可曉할새 玆取四書之中에 可要之言하여 著爲七章하여 以釐
汝等하노라.

嗚呼라! 一身之敎가 盡在於斯하니 一失其道하면 雖悔인들 可
追아. 汝等이 銘神刻骨하여 曰期於聖하라. 明鑑이 昭昭하니 可
不戒歟아.

成化乙未孟多有日.

註 ① 태사(太姒) : 주나라 문왕(文王)의 비이며, 무왕(武王)의 어머니.
② 번희(樊姬) : 초나라 장왕(莊王)의 비.
③ 달기(妲己) : 은나라 주왕(紂王)의 비.
④ 포사(褒姒) : 주나라 유왕(幽王)의 총희(寵姬). 褒는 나라 이름이
며 姒는 성. 유왕이 잘 웃지 않는 그녀의 웃음을 보기 위해 봉화
를 올려 제후들이 허둥지둥 달려오게 하였는데, 그것을 본 포사
는 크게 웃었다 함. 후에 폐후(廢后) 신후(申后)의 아버지 신후
(申侯)가 병란을 일으켜, 유왕은 죽고 포사는 포로가 됨.
⑤ 여희(驪姬) : 진나라 헌공(獻公)의 비. 아들 해제(奚齊)를 왕위
에 앉히려고 태자 신생(申生)을 참살하였음.
⑥ 비연(飛燕) : 전한 성제(成帝)의 황후로서 성은 조(趙)씨.

제 1 권

제 l 언행장(言行章)

〈이씨 여계(李氏女戒)〉에 이르기를, 마음에 두고 있는 것이 정이요, 입밖에 내는 것이 말이니, 말은 사람의 온갖 영예와 치욕에 관계되는 중요한 구실을 하는 것이며, 사람과의 관계에 있어서 친하고 먼 것의 중요한 마디를 뜻하는 것이다.

말은 능히 굳은 것을 풀게도 하고, 서로 다른 것을 합쳐지게도 하며, 원한을 사게도 하고, 적대감을 불러일으키게도 한다. 그러므로 이것이 커지면 나라를 뒤엎고 집안을 망치며, 사소한 것이라 할지라도 육찬①을 이간시키는 것이 된다.

이런 까닭으로 현명한 여인들은 입을 조심하며, 부끄러운 일이나 비방 따위를 불러들이지 않을까 두려워

하는 것이다. 그러므로 웃사람 앞에 있거나 조용한 곳
에 혼자 있을 때에도 역겨운 말이나 아첨하는 말은 절
대로 하지 말고, 심사 숙고하지 않은 말을 입밖에 내
지 말며, 장난삼아 말을 해서도 안 된다. 또한 어지러
운 일에 섞이지 말고, 혐의를 받을 만한 곳에는 있지
말아야 한다.

李氏女戒에 曰하되 藏心이 爲情이요, 出口가 爲語이니 言語
者는 榮辱之樞機며 親疎之大節也이니 亦能離堅合異하며 結怨興
讎하나니 大者則覆國亡家하고 小者도 猶六親을 離間하나니 是
以로 賢女가 謹口는 恐招恥謗이니 或在尊前커나 或居閑處에 未
嘗觸應答之語하며 發諂諛之言하며 不出無稽之詞하며 不爲調戲
之事하며 不涉穢濁하며 不處嫌疑니라.

〈곡례(曲禮)〉①에 이르기를, 여러 사람이 모여 함께
음식을 먹을 때에는 혼자서만 배부르게 먹지 말고, 또
여럿이 함께 밥을 먹을 때에는 불결하게 손으로 먹지
말아야 한다.
　혼자서만 움켜다 먹지 말아야 하고, 남은 밥을 밥통
에 다시 쏟아 넣어서도 안 된다. 국물을 후루룩 들이
마시지 말고, 입맛을 다시며 먹지 말며, 뼈까지 모두

섞어 먹지 말아야 한다. 먹던 고기는 도로 그 그릇에
놓지 말고, 먹고 난 뼈다귀라도 함부로 개에게 던져 주
어서는 안 된다.

음식을 더 먹으려고 욕심을 부리지 말고, 밥이 뜨겁
더라도 불어서 먹지 말며, 기장밥을 먹을 때는 젓가락
을 써서는 안 된다. 국은 건더기째 혹 들이마시지 말
고, 주인 앞에서 간을 맞추어서도 안 되며, 이를 쑤셔
도 안 되고, 젓국을 들이마셔도 안 된다.

만약 손님이 주인 앞에서 국그릇에 간을 맞추거든 주
인은 즉시 간을 잘 맞추지 못한 것을 사과하도록 한다.
또한 손님이 젓국을 들이마시거든 주인은 젓갈이 싱거
운 것을 사과하도록 한다.

젖은 고기는 이로 끊어 먹고, 마른 고기는 이로 끊
어 먹지 말 것이며, 구운 고기는 한입에 다 집어 넣지
말아야 한다.

曲禮에 曰하되 共食에 不飽하며 共飯에 不澤手하며 毋搏飯하
며 毋放飯하며 毋流歠하며 毋咤食하며 毋齧骨하며 毋反魚肉하
며 毋投與狗骨하며 毋固獲하며 毋揚飯하며, 飯黍하되 毋以箸하
며 毋嚃羹하며 毋絮羹하며 毋刺齒하며 毋歠醢이니 客이 絮羹이
거든 主人이 辭不能烹하고 客이 歠醢거든 主人이 辭以窶하며 濡
肉을 齒決하고 乾肉을 不齒決하며 毋嘬炙이니라.

① 곡례(曲禮) : 〈예기(禮記)〉의 편명(篇名).

남녀는 한자리에 앉지 말고, 횃대에 함께 옷을 걸지 말며, 수건과 빗을 함께 사용하지 말고, 친하게 지내서도 안 된다. 형수와 시동생은 서로 문답하지 말고, 제모①에게 속옷을 빨게 해서는 안 된다.

밖의 이야기가 문 안에 들리지 않게 하고, 안의 이야기가 문 밖으로 새지 않도록 해야 한다.

혼인을 한 여자는 큰 변고가 생기지 않는 한 친정에 출입하지 말아야 하고, 고모와 손위 누이와 손아래 누이, 딸들이 이미 혼인을 하여 친정에 돌아왔을 경우에는 형제가 한자리에 함께 앉지 말 것이며, 또한 한그릇에 식사를 함께 해서도 안 된다.

男女가 不雜坐하며 不同椸枷하며 不同巾櫛하며 不親授하며 嫂叔이 不通問하며 諸母를 不漱裳하며 外言이 不入於梱하고 內言이 不出於梱이니라. 女子가 許嫁纓하였거나 非有大故하거든 不入其門하며 姑姉妹와 女子子가 已嫁而反하거든 兄弟弗與同席而坐하며 弗與同器而食이니라.

註 ① 제모(諸母) : 아버지의 첩들을 일컬음. 또는 아버지의 자매를 말하는데, 여기서는 고모(姑母)를 가리킴.

성 위에 올라가서는 손가락질을 하지 말고, 성 위에서는 소리쳐 불러서도 안 된다.

남의 집에 들 때에는 구하는 일이 있더라도 함부로
행동하지 말고, 뜰에 오를 때에는 반드시 소리를 내야
하며, 집 밖에 신 두 켤레가 있는 경우에는, 안에서 말
소리가 나면 들어가고 안에서 아무 소리도 들리지 않
으면 들어가지 말아야 한다.

집에 들어갈 때에는 시선을 반드시 아래쪽으로 두고,
집 안에 들어서서 빗장을 지를 때에는 주위를 살피지
말아야 하며, 문이 열려 있었을 경우에는 그대로 열어
놓고, 문이 닫혀 있었을 경우에는 전처럼 닫아 두며,
뒤에 들어올 사람이 있을 때에는 닫아 놓되 꼭 닫지 않
도록 한다.

다른 사람의 신발은 밟지 않도록 하고, 다른 사람이
앉아 있는 좌석을 밟고 지나서는 안 되며, 집 안에 들
어서면 옷을 추스려 구석자리에 앉고, 남에게는 공손
하게 대답하며 조심스런 태도를 취해야 한다.

登城不指하며 城上不呼하며 將適舍할 때 求毋固하며 將上堂
할 때 聲必揚하며 戶外에 有二履하거든 言聞則入하고 言不聞則
不入하며 將入戶할 때 視必下하며 入戶할 때 奉扃하며 視瞻을
毋回하며 戶開하거든 亦開하고 戶闔이거든 亦闔하되 有後入者
거든 闔而勿遂하니라. 毋踐履하며 毋踖席하며 摳衣趨隅하여 必
愼唯諾이니라.

무릇 시선을 얼굴에만 두면 오만한 것 같고, 허리띠 에 두면 근심하는 것 같으며, 너무 기울이면 간사하게 보인다.

凡視를 上於面則敖하고 不於帶則憂하고 傾則姦하니라.

행동은 공경스럽게 하지 않으면 안 된다. 용모가 엄 숙하면 생각이 깊은 듯이 보이고, 말을 안정되게 하면 사람의 마음을 편안케 할 것인즉 오만은 가히 오래 가 서는 안 되며, 사욕은 가히 좇아서도 안 되고, 뜻은 지 나치게 넘쳐도 안 되며, 즐거움은 지나치게 극에 달해 서도 안 된다.

어질고 현명한 사람은 가까이하되 공경하고, 두려워 하되 사랑하며, 또한 사랑하되 그의 옳지 못한 점을 알고, 미워하되 그의 착한 점을 알아야 하며, 재물을 쌓아 놓되 능히 쓸 줄 알고, 편안한 것을 편안케 여기 되 능히 그것을 옮길 줄도 알아야 한다.

재물을 대하매 굳이 얻으려고 하지 말고, 어려운 일 에 임하매 굳이 모면하려고 하지 말며, 서로 다투되 굳이 이기려 하지 말고, 물건을 나누어 갖되 굳이 많 이 가지려 하지 말며, 의심나는 일이 있더라도 굳이 따지려 들지 말고, 이미 옳게 밝혀진 일에 대해서는 더

이상 아무 말도 하지 말아야 한다.

毋不敬하여 儼若思하며 安定辭하면 安民哉인저. 敖不可長이며 欲不可從이며 志不可滿이며 樂不可極이니라. 賢者는 狎而敬之하며 畏而愛之하며 愛而知其惡하며 憎而知其善하며 積而能散하며 安安而能遷하느니라. 臨財하여 毋苟得하며 臨難하여 毋苟免하며 狠毋求勝하고 分毋求多하며 疑事를 毋質하여 直而勿有이니라.

〈소의(少儀)〉①에 이르기를, 군자를 모시고 식사할 때에는 먼저 맛을 보고 후에는 하지 말며, 밥을 젓가락으로 먹지 말고, 국물을 후루룩 소리내어 들이켜지 말며, 적게 먹어 빨리 삼키고, 자주 씹는 입노릇을 하지 말아야 한다.

少儀에 曰하되 侍燕於君子則先飯而後已하며 毋放飯하며 毋流歠하며 小飯而亟之하며 數噍하여 毋爲口容이니라.

註 ① 소의(少儀) : 〈예기(禮記)〉의 편명(篇名).

비밀스런 곳을 엿보지 말고, 곁의 사람에게 몸을 맞대지 말며, 오래 사귄 사람의 그릇된 것을 말하지 말고, 장난스런 얼굴을 하지 말며, 급한 걸음으로 오지 말고, 서둘러 가지도 말며, 귀신을 업신여기지 말고,

그릇된 일에 관여하지 말며, 아직 이르지 않은 일을 미리 추측하지도 말라.

또한 다 만들어진 옷이나 그릇을 헐뜯지 말고, 제 몸에 빗대어서 말을 증명하지도 말라.

不窺密하며 不旁狎하며 不道舊故하며 不戲色하며 毋拔來하며 毋報往하며 毋瀆神하며 毋循枉하며 毋測未至하며 毋訾衣服成器하며 毋身質言語이니라.

빈 것을 잡되 가득한 것을 잡듯 하고, 빈 곳에 들어가되 사람이 있는 곳에 들어가듯 하라.

執虛하되 如執盈하며 入虛하되 如有人이니라.

〈논어(論語)〉에 이르기를, 임금께서 음식을 주시거든 반드시 자세를 바로하고서 먼저 맛을 보아야 하고, 임금께서 날고기를 주시거든 반드시 익혀서 올려야 하며, 임금께서 살아 있는 것을 주시거든 반드시 잘 길러야 한다.

論語에 曰하되 君이 賜食하시거든 必正席先嘗之하시며 君이 賜腥하시거든 必熟而薦之하시며 君이 賜生하시거든 必畜之시니이다.

임금을 모시고 식사할 때에는, 임금께서 제사를 지

내시는 동안 먼저 음식의 맛을 본다.

侍食於君할 때 君祭하시거든 先飯하시더니이다.

〈곡례〉에 이르기를, 임금께서 과일을 주시거든 그 과일에 씨가 있는 것은 씨를 가져온다.

曲禮에 曰하되 賜果於君前하시거든 其有核者는 懷其核이니라.

임금을 모시고 식사할 때, 임금께서 남은 것을 주시거든 그릇을 씻을 것은 음식을 쏟지 말고 그대로 먹으며, 그 남은 것들은 모두 다른 그릇에 쏟아야 한다.

御食於君할 때 君이 賜餘하시거든 器之漑者는 不寫하고 其餘는 皆寫이니라.

〈예기(禮記)〉①에 이르기를, 임금께서 수레와 말을 주시거든 고맙게 받아야 하고, 옷을 주시거든 입어서 고마움을 나타내야 하며, 임금의 명이 내리기 전에는 감히 수레에 오르거나 옷을 입어서는 안 된다.

禮記에 曰하되 君이 賜車馬하시거든 乘以拜賜하며 衣服하시거든 服以拜賜하며 君이 未有命하시거든 弗敢即乘服也이니라.

註 ① 예기(禮記) : 오경(五經)의 하나로서 진·한(秦漢)시대 유자(儒者)의 고례(古禮)에 관한 설을 수록한 책.

〈악기(樂記)〉①에 이르기를, 군자는 간사한 소리와 어지러운 빛을 귀와 눈에 머물게 하지 않고, 음란한 음악과 사특한 예의를 마음에 두지 않으며, 게으르고 사벽한 기운을 몸에 두지 않고, 귀와 눈과 코와 입과 마음과 지혜와 온갖 몸의 바탕들을 다 순하고 바르게 하여, 그 의를 행해야 한다.

樂記에 曰하되 君子는 姦聲亂色을 不留聰明하며 淫樂慝禮를 不接心術하며 惰慢邪辟之氣를 不設於身體하여 使耳目鼻口心知百體로 皆由順正하여 以行其義니라.

註 ① 악기(樂記) : 음악에 관한 사항을 기록한 〈예기(禮記)〉의 한 편명(篇名).

범노공 질(范魯公質)①이 조카에게 경계를 시키며 한 시에서 이르기를, 네게 경계하노니 말 많은 사람이 되지 말라. 말이 많음은 여러 사람의 꺼리는 바이다. 진실로 말을 조심하지 않으면 모든 재앙과 액운이 바로 이로부터 비롯되나니, 옳고 그르며 명예와 훼손이 엇갈리는 사이에 몸에는 많은 누가 쌓이기 때문이다.

范魯公質이 戒從子詩曰하되 戒爾勿多言하노니 多言은 衆所忌니라. 苟不愼樞機하면 災厄이 從此始하나니 是非毀譽間에 適足爲身累니라.

註 ① 범노공 질(范魯公質) : 송나라 때 사람. 자는 문소(文素). 태조
　　(太祖) 때 노국공(魯國公)에 봉해짐.

　〈여교(女敎)〉에 전하기를, 여자에게 네 가지 갖추어
야 할 중요한 행적이 있으니 그 첫째는 부덕(婦德)이요,
둘째는 부언(婦言)이며, 세째는 부용(婦容)이요, 네째는
부공(婦功)이라. 부덕이란 반드시 재주와 총명이 남보
다 빼어난 것이 아니고, 부언은 반드시 말재주가 뛰어
나 이익되게 하는 언사라야 하는 것이 아니며, 부용은
반드시 아름답고 고운 얼굴을 이르는 것이 아니고, 부
공 또한 반드시 남보다 뛰어난 공교한 솜씨만을 이르
는 것이 아니다.

　맑고 고요하며, 조용하고 절개가 곧으며, 행동함에
있어서는 부끄러움을 느끼고, 움직임과 멈춤에도 법도
를 지키는 것이 바로 부덕이라 말할 수 있다. 말을 잘
선택해서 사용하고 도리에 맞지 않는 말은 사용하지
말며, 시간이 조금 지난 후에 말함으로써 다른 사람이
싫어하지 않게 하는 것을 바로 부언이라 한다. 더러운
것을 씻어서 옷이나 치장을 청결히 하며, 자주 목욕하
여 몸을 더럽게 하지 않는 것을 바로 부용이라 한다.
길쌈에 몰두하여 쓸데없이 놀고 즐기지 않으며, 술과
밥을 정갈히 마련하여 손님을 극진히 대접하는 것을

바로 부공이라 하는 것이다.

　이 네 가지는 여자의 큰 덕이므로 가히 폐기할 수 없는 것이다. 이것들은 실제로 행하기에 쉬운 것으로, 단지 마음속에 깊이 새겨 두면 되는 것이다.

　옛사람이 이르기를 「인은 너무 요원하지만 내가 인을 하고자 하면 결국 그 인은 이르게 될 것이다.」라고 했는바 바로 이를 두고 말함이다.

　女敎에 云하되 女有四行하니 一曰 婦德이요 二曰 婦言이요 三曰 婦容이요 四曰 婦功이라.　婦德은 不必才明絶異也요 婦言은 不必辯口利辭也요 婦容은 不必顔色美麗也요 婦功은 不必工巧過人也라.　淸閑貞靜하여 守節整齊하며 行己有恥하며 動靜有法이 是謂婦德이라.　擇辭而說하여 不道惡語하며 時然後에 言하여 不厭於人이 是謂婦言이라.　盥浣塵穢하여 服飾에 鮮潔하며 沐浴以時하며 身不垢辱이 是謂婦容이라.　專心紡績하여 不好戱笑하며 潔齊酒食하여 以奉賓客이 是謂婦功이라.　此四者가 女人之大德而不可乏者也이니 然이나 爲之甚易하니 唯在存心耳라.　古人이 有言하되 仁遠乎哉나 我欲仁이면 斯仁이 至矣라 하니 此之謂也니라.

　유 충정공(劉忠定公)①이 온공(溫公)②을 만나서 온 마음을 기울여 자신이 행해야 할 가장 중요한 것과 몸이 다하도록 행해야 할 것에 관해 묻자 온공이 대답하기를 「성실함뿐입니다.」 유공이 다시 묻기를 「우선 어떤 일을 행하여야 합니까?」 온공이 다시 이르기를 「거짓 말을 하지 않는 것으로부터 비롯됩니다.」

유공이 처음에는 아주 쉽게 여겼으므로 물러나와 스스로 날마다의 행할 바와 모든 언어들을 바로 고치려 하였으나, 간섭하여 자유롭지 못하게 제지하는 모순이 많았다. 하지만 힘써 행한 지 7년이 지난 후에야 비로소 그 뜻이 이루어졌으므로 이후 언행이 일치하여 안과 밖이 서로 상응하니 일을 만나도 순조로우며 항상 여유가 있었다.

劉忠定公이 見溫公하여 問盡心行己之要가 可以終身行之者한데 公이 曰하되 其誠乎인저 劉公이 問行之何先하리잇고 公이 曰하되 自不妄語로 始니라. 劉公이 初甚易之하더니 及退하여 而自櫽栝日之所行과 與凡所言하니 自相掣肘矛盾者가 多矣러니 力行七年而後에야 成하여 自此로 言行이 一致라 表裏相應하니 遇事坦然하여 常有餘裕하더라.

圖 ① 유 충정공(劉忠定公) : 송나라 때 사람. 이름은 안세(安世), 자는 기지(器之). 성품이 강직하여 전상호(殿上虎)라 불림.
② 온공(溫公) : 송대의 대학자이며 정치가. 본명은 사마광(司馬光), 자는 군실(君實), 호는 우부(迂夫) 또는 우수(迂叟). 흔히 사마 온공(司馬溫公)이라 함. 신종(神宗) 초년에 왕안석(王安石)의 신법(新法)에 반대하여 관직을 사양함. 저서에 〈자치통감(資治通鑑)〉〈사마 . 문정공집(司馬文正公集)〉〈통감고이(通鑑考異)〉 등이 있음.

유관(劉寬)①이 비록 창졸간에 처하더라도 말소리가

빨라지거나 당황하는 기색을 보인 적이 없었으므로, 부인이 관으로 하여금 성내는 것을 시험하기 위하여 조회에 나가 살며시 엿보았다. 마침 유관이 의복을 엄정하게 차려 입고 있었으므로, 부인은 시비를 시켜 고깃국을 바치되 일부러 그것을 조복에 엎질러 더럽히게 하였다. 시비는 국을 엎지르자 재빨리 엎질러진 것을 치웠다. 그러나 유관은 얼굴색 하나 변하지 않았으며, 오히려 여유있게 말하기를「국물에 손을 데지나 않았느냐?」하였다. 그 성품과 도량이 이러하였다.

劉寬이 雖居倉卒하여도 未嘗疾言遽色하더니 夫人이 欲試寬令恚하여 伺當朝會하여 裝嚴已訖이거늘 使侍婢로 奉肉羹하여 翻汚朝服하고 婢遽收之하더니 寬이 神色이 不異하여 乃徐言曰하되 羹爛汝手乎하니 其性度가 如此하더라.

註 ① 유관(劉寬) : 후한 때 사람. 자는 문요(文饒), 시호는 소열(昭烈). 광록훈(光祿勳)을 지냈으며, 녹향후(逯鄕侯)에 봉하여짐.

공자가 이르기를, 말이 충성스럽고 신뢰할 수 있으며 행동이 돈독하고 공경스러우면 비록 오랑캐 나라라 해도 다닐 수 있으나, 말이 충성스럽지 못하고 행동 또한 돈독하지 못하다면, 비록 고향 마을이라 해도 어찌갈 수 있으리요.

孔子가 曰하시되 言忠信하고 行篤敬하면 雖蠻貊之邦이라도 行
矣거니와 言不忠信하고 行不篤敬하면 雖州里인들 行乎哉이리.

〈논어〉에 이르기를, 공자가 향리에서는 그 태도가 매
우 공손스러워 마치 두려워서 말을 못하는 것처럼 보
였으나, 종묘와 조정에서는 조금도 막힘이 없이 말하
되 그 태도는 매우 겸손하였다.
　또한 조정의 아랫사람들에게는 강직하게 하였고, 웃
사람들에게는 조용히 화기애애한 표정으로 대하였다.

論語에 曰하되 孔子가 於鄕黨에 恂恂如也하여 似不能言者이
시도다. 其在宗廟朝廷하셔서도 便便言하시되 唯謹爾더시다. 朝
에 與下大夫로 言하시되 侃侃如也하시며 與上大夫로 言하시되
誾誾如也하시더니이다.

〈관의(冠義)〉①에 이르기를, 무릇 사람이 사람다움은
예의 때문이니, 예의의 시작은 몸을 바르게 하고, 안
색을 가지런히 하며, 말을 순하게 하는 데 있으므로,
몸이 바르고 안색이 가지런하며 말이 순하게 된 다음
에야 비로소 예의가 갖추어진 것이라 할 수 있다.
　그 예의로써 임금과 신하를 바르게 하고, 아버지와
아들을 친하게 하며, 어른과 아이가 화목할 수 있게
하는 것이니, 임금과 신하가 바르게 되고, 아버지와 아
들이 친하게 되며, 어른과 아이가 화목한 다음에야 비

로소 예의가 바로 설 수 있는 것이다.

　冠義에 曰하되 凡人之所以爲人者는 禮義也이니 禮義之始는 在於正容體하며　齊顔色하며　順辭令이니　容體正하며　顔色이　齊하며　辭令이　順而後에야　禮義備하리라.　以正君臣하며　親父子하며和長幼이니　君臣이　正하며　父子가　親하며　長幼가　和而後에나　禮義立하리라.

圉 ① 관의(冠義) : 〈예기(禮記)〉의 편명(篇名).

　맹자가 이르기를, 사람의 도리에 있어서 배불리 먹고 따뜻하게 입으며 편안하게 지낼지라도 가르침을 받지 못하면 짐승과 다를 것이 없으므로,　성인이 그 점이 염려스러워 설(契)①을 사도로 삼아 인륜을 교육시키도록 하였다.

　아버지와 아들은 친함이 있고, 임금과 신하는 의리가 있으며, 부부 사이에는 구별이 있고, 어른과 아이는 차례가 있으며, 친구 사이에는 신의가 있어야 된다고 하였다.

　孟子가　曰하시되　人之有道也에　飽食暖衣하여　逸居而無敎하면則近於禽獸이기 때문에 聖人이 有憂之하서 使契爲司徒하여 敎以人倫하시니　父子가　有親하며　君臣이　有義하며　夫婦가　有別하며　長幼가　有序하며　朋友가　有信이니라.

註 ① 설(契) : 중국 태고의 천자 순(舜) 임금의 신하.

　　염계(濂溪) 주(周)선생①이 이르기를, 중유(仲由)②는 자기의 허물에 대하여 듣는 것을 즐거워하여 결국 그 이름을 끝없이 떨쳤는데, 요즘 사람들은 자기 허물에 대해 다른 사람이 말해 주는 것을 즐겁게 여기지 않는다. 이는 병든 사람이 의사를 꺼리는 것과 같아서 마침내 자기 몸을 망치는 결과를 가져오는데도 깨닫지 못하니 참으로 슬픈 일이다.

　　濂溪周先生이 曰하시되 仲由는 喜聞過하여 令名이 無窮焉하더니 今人은 有過이거든 不喜人規함이 如護疾而忌醫하여 寧滅其身而無悟也하니 噫라.

註 ① 염계 주선생(濂溪周先生) : 북송의 유학자. 호남(湖南) 사람. 호는 염계, 이름은 돈이(敦頤), 자는 무숙(茂叔). 당나라 때의 경전주석(經典注釋)에 갈음하여 불교와 도교의 철리(哲理)를 응용한 유교 철학을 창시함으로써 송학(宋學)의 시조로 일컬어짐. 저서에 〈태극도설(太極圖說)〉〈통서(通書)〉등이 있음.
　　② 중유(仲由) : 중국 춘추시대 노나라 사람. 자는 자로(子路). 공자의 제자로 십철(十哲)의 한 사람.

　　강절(康節) 소(邵)선생①이 자손에게 경계하여 이르기를, 상위에 속하는 사람은 가르치지 않더라도 선하고, 중위에 속하는 사람은 가르쳐야만 선해지며, 하위에

속하는 사람은 가르치더라도 결코 선하게 되지 않으니, 가르치지 않고도 선하다면 누가 성인이 아니라고 말할 것이며, 가르쳤는데도 선해지지 않았다면 그 누가 어리석은 자라고 말하지 않겠는가. 이것으로 보건대 선하다는 것은 길한 것을 이르고, 선하지 않다는 것은 흉한 것을 이른다.

길한 사람은 눈에 예가 아닌 빛을 보지 않고, 귀에 예가 아닌 소리를 듣지 않으며, 입에 예가 아닌 것을 말하지 않고, 발에 예가 아닌 땅을 밟지 않는다. 또한 선하지 않은 사람과는 사귀지 않으며, 의로운 물건이 아니면 지니지 않고, 현명한 사람과 친하게 지내되 영지(靈芝)와 난초(蘭草)를 대하듯 하며, 악을 피하되 뱀이나 전갈을 두려워하듯 하므로, 혹시 어느 누가 그를 좋지 못한 사람이라고 이르더라도 나는 믿지 않을 것이다.

흉한 사람이란 말이 교묘하고 간사스러우며, 행동거지가 음험하고 이익만을 좋아하며, 자기 잘못을 얼버무리려 하는 자를 말한다. 이런 사람은 탐하고 음란하며, 남의 재화를 즐기고, 또한 어진 사람을 원수같이 여기며 범죄를 일삼아서, 작게는 몸을 허물어뜨려 자기 본성을 잃어버리고, 크게는 종족을 단절시켜 후대를 끊어지게 한다. 혹시 어느 누가 그를 가리켜 흉한 사람이 아니라 이른다 해도 나는 믿지 않을 것이다.

　전(傳)에 이르기를, 길한 사람은 선을 행하되 세월을 부족히 여기며, 흉한 사람은 선을 행하지 아니하되 역시 세월을 부족히 여긴다고 하니, 너희들은 길한 사람이 되길 원하느냐, 아니면 흉한 사람이 되길 원하느냐.

　康節邵先生이 戒子孫曰하되 上品之人은 不敎而善하고 中品之人은 敎而後善하고 下品之人은 敎亦不善하나니 不敎而善이 非聖而何이며 敎而後善이 非賢而何이며 敎亦不善이 非愚而何이리요. 是知善也者는 吉之謂也요 不善也者는 凶之謂也이로다. 吉也者는 目不觀非禮之色하며 耳不聽非禮之聲하며 口不道非禮之言하며 足不踐非禮之地하며 人非善이거든 不交하고 物非義거든 不取하며 親賢하되 如就芝蘭하고 避惡하되 如畏蛇蠍하나니 或曰不謂之吉人이라도 則吾不信也하리니 凶也者는 語言이 詭譎하고 動止陰險하며 好利飾非하고 貪滛樂禍하며 疾良善하되 如讐隙하고 犯刑憲하되 如飮食하여 小則隕身滅性하고 大則覆宗絕嗣하나니 或曰不謂之凶人이라도 則吾不信也하리라. 傳에 有之하나 曰하되 吉人은 爲善하되 惟日不足이거든 凶人은 爲不善하되 亦惟日不足이라 하니 汝等은 欲爲吉人乎아 欲爲凶人乎아.

　註 ① 강절 소선생(康節邵先生) : 북송의 학자. 강절은 시호이며 이름은 옹(雍), 자는 요부(堯夫). 주돈이(周敦頤)가 송학(宋學)의 이기론(理氣論)을 세운 데 대하여 같은 때 상수론(象數論)을 제창한 대사상가임. 저서에 〈관물편(觀物篇)〉〈황극경세서(皇極經世書)〉〈이천격양집(伊川擊壤集)〉

장사숙(張思叔)①의 좌우명에 이르기를, 무릇 모든 말은 반드시 충성스럽고 신뢰감이 가게 해야 하고, 무릇 모든 행동은 반드시 돈독하고 공경스러워야 하며, 음식 먹는 것은 반드시 삼가고 절도있게 해야 하며, 글씨는 반드시 고르고 바르게 써야 하고, 용모는 반드시 단정하게 차리며, 의관은 가지런히 해야 하고, 걸음걸이는 조심스러워야 하며, 거처는 반드시 바르고도 정숙하게 하고, 일을 할 때에는 반드시 먼저 계획을 세워 시작해야 하며, 말을 하는 데 있어서는 반드시 행적을 돌아보아야 한다. 또한 떳떳한 덕은 반드시 굳게 유지하고, 허락은 반드시 무겁게 응하며, 선을 보았을 때는 마치 내 몸에서 나온 것같이 사랑하고 악을 보았을 때는 마치 내 몸의 병같이 여겨야 한다.

무릇 이 열 네 가지는 내가 모두 깊이 성찰하지 못한 것들이기에 어리석은 자리에 처해서야 비로소 아침 저녁으로 보며 경계하고자 한다.

張思叔의 座右銘에 日하되 凡語를 必忠信하며 凡行을 必篤敬하며 飮食을 必愼節하며 字畵을 必楷正하며 容貌를 必端莊하며 衣冠을 必肅整하며 步履를 必安詳하며 居處를 必正靜하며 作事를 必謀始하며 出言을 必顧行하며 常德을 必固持하며 然諾을 必重應하며 見善하고 如己出하며 見惡하고 如己病이니 凡此十四者를 我皆未深省하여 書此當座隅하여 朝夕에 親爲警하노라.

丗 ① 장사숙(張思叔) : 송나라 때 사람. 사숙은 자. 이름은 역(繹)으
　　로 정이(程頤)의 제자.

　여 정헌공(呂正獻公)①은 젊은 시절부터 학문을 익히
되 마음을 다스리며 성정을 기르는 것으로써 본을 삼
았다. 그리하여 즐기는 것을 억제하고, 지나치게 좋은
맛을 엷게 하며, 빨리 말하지 아니하고 당황하는 빛이
없으며, 급히 걷지 않았을 뿐더러 게으른 모습을 보이
지 않았다.

　또한, 무릇 조롱하는 웃음과 속되고 상스러운 말을
전혀 입밖에 내지 않았으며, 세상의 이익과 어지럽게
빛나는 것과 소리와 재주와 도박과 진기한 놀이에 있
어서도 담담히 여기되 그리 좋아하지는 않았다.

　呂正獻公이 自少로 講學하되 即以治心養性으로 爲本하더니 寡
嗜慾하며 薄滋味하며 無疾言遽色하며 無窘步하며 無惰容하며 凡
嬉笑俚近之語를 未嘗出諸口하며 於世利紛華聲伎遊宴으로 以至
於博奕奇玩히 淡然無所好하더라.

丗 ① 여 정헌공(呂正獻公) : 송나라 때의 사람. 이름은 공저(公著), 자
　　는 회숙(晦叔), 정헌은 시호. 사마광과 더불어 정사를 보필함. 죽
　　은 후에 신국공(申國公)에 봉해짐.

　이천(伊川) 선생①의 어머니 후(侯)부인이 칠팔 세 때
에 읽은 옛시에 이르기를 「여자는 밤에 외출하지 말지
니 혹 밤에 외출할 때엔 밝은 등촉을 잡는다.」 이로부

터 날이 어두워지면 방에서 나가지 아니했고, 이미 장
성해서는 글을 즐겨하되 결코 문장을 짓지는 않았는데,
이유인즉 그 시절 여인들이 문장을 짓고 글을 써서 다
른 사람에게 전하는 것을 보고 몹시 못마땅하게 여겼
기 때문이었다.

伊川先生의 母侯夫人이 七八歲時에 誦古詩曰하되 女子가 不
夜出하나니 夜出秉明燭이라 하고 自是로 日暮則不復出房閤하더
니 旣長하여 好文하되 而不爲辭章하며 見世之婦女가 以文章筆
札로 傳於人者하고 則深以爲非하더라.

註 ① 이천 선생(伊川先生) : 북송의 학자. 성은 정(程), 이름은 이(頤),
　　자는 정숙(正叔), 호(顥)의 아우. 낙양 사람. 이천백(伊川伯)에
　　봉해졌기 때문에 이천 선생이라 부름. 처음으로 이기(理氣)의 철
　　학을 제창하였으며, 유교 도덕에 철학적 기초를 부여함. 저서에
　　〈역전(易傳)〉〈경설(經說)〉〈어록(語錄)〉 등이 있음.

〈이씨 여계(李氏女戒)〉에 이르기를, 가난한 자는 그
가난함을 편히 여기고 부자는 그 부유함을 경계할지니
라. 가난하면서도 마음이 편치 못한 자는 가난을 부끄
럽게 여겨 널리 구하는 것이니, 구하다가 얻지 못하면
남을 원망하는 마음이 생겨나 부부가 서로 경멸하여 은
혜를 꼭 주고받으려 하기에 정이 엷어진 것이다.
　또한 부유하면서 경계하지 않으면 우월감이 생기리
니, 오만한 모습이 겉으로 나타나면 온화하고 부드러

운 안색이 있을 수 없고, 온화하고 부드러운 안색을 버리고 교태스러운 모습을 보이면 이것이 바로 경박한 부인이니라.

李氏女戒에 曰하되 貧者는 安其貧하고 富者는 戒其富이나 貧不自安者는 恥貧而廣求하나니 求旣不得하면 怨由玆生하여 室家가 相輕하여 恩易惰薄하리라. 富而不戒하면 則夸勝之心이 生하리니 浚慢之容이 旣彰하면 和柔之色이 安在리요. 棄和柔之色하고 作嬌小之容하면 是爲輕薄之婦人이니라.

유빈(柳玭)[1]이 일찌기 글을 지어 그 자제들에게 경계하여 이르기를, 이름을 더럽히고 몸을 재해에 처하게 하며, 조상을 욕되게 하고 집안을 망치는 실책 가운데 큰 것으로 다섯 가지가 있으니 꼭 알아 두어야 할 것이다.

첫째는, 자기의 편안함만을 구하고 담박한 것을 달게 여기지 아니하며, 오로지 자기 몸에 이익되는 것이면 남의 말을 귀담아듣지 않는 것이다. 둘째는, 선비의 지략을 모르고, 옛날의 도를 즐겨하지 아니하여 이전 성인의 경서에 어두워도 부끄럽게 여기지 않으며, 현세의 일을 의논하는 데 있어서도 해이하여 자신이 먼저 아는 것이 적음에도 불구하고 다른 사람의 학식 있음을 싫어하는 것이다. 세째는, 자기보다 뛰어난 사람을 싫어하고 자기에게 재주가 있음을 기꺼워하며, 오직 노는 것을 즐기고 옛 도리를 생각하지 않으며, 남의 선을 듣고 미워하며, 남의 악을 듣고는 휘둘러 치우치고 기울어짐이 그릇되이 스며들게 하여 덕의를 녹이고 깎아내리니, 비록 의관은 갖추었다고 할지라도 종과 다른 것이 무엇인가. 네째는, 한가롭게 노는 것을 즐기고, 누룩으로 술을 빚어 마시는 것을 높은 경지로 여기며, 부지런히 일하는 것을 세속의 흐름으로 여겨, 배운 것이 쉽게 거칠어지니 뉘우치기는 이미 어려우니라. 다섯째는, 벼슬과 명예에 조급히 치우치는 경향이 있어 권세를 지나치게 가까이하여 반급을 얻었다 하더라도 여러 사람이 노하며 시기하여 보존하기가 힘들 것이다.

내가 이름난 가문과 높은 종족을 살펴보니, 선조의 충심과 효도와 근검으로부터 이루어지지 않은 경우가 없고, 자손의 모질고 경솔하며 사치스럽고 오만한 것으로 인해 능히 무너지나니, 성립하기 어려운 것은 하늘에 오르는 것 같고, 무너지기 쉬움은 털을 태우는 것과 같다. 말하건대 매우 염려스럽다. 마땅히 너희들 뼈에 새겨야 할 것이다.

柳玭이 嘗著書하여 戒其子弟曰하되 壞名災己하며 辱先喪家하

는 其失이 尤大者가 五이니 宜深誌之이다. 其一은 自求安逸하
고 靡甘澹泊하여 苟利於己거든 不恤人言할시라. 其二는 不知儒
術하며 不悅古道하여 懵前經而不恥하며 論當世而解頤하여 身旣
寡知하고 惡人有學할시라. 其三은 勝己者를 厭之하고 佞己者를
悅之하며 唯樂戲談하고 莫思古道하여 聞人之善하고 嫉之하며 聞
人之惡하고 揚之하여 浸漬頗僻하고 銷刻德義하나니 簪裾가 徒
在한들 廝養과 何殊이리요. 其四는 崇好優游하니 耽嗜麴蘗하여
以銜杯로 爲高致하고 以勤事로 爲俗流하나니 習之易荒이며 覺
已難悔니라. 其五는 急於名宦하여 匿近權要하여 一資半級을 雖
或得之라도 衆怒群猜하여 鮮有存者하니라. 余見名門右族하니 莫
不由祖先의 忠孝勤儉하여 以成立之하고 莫不由子孫의 頑率奢傲
하여 以覆墜之하나니 成立之難은 如升天하고 覆墜之易를 如燎
毛하다. 言之痛心하니 爾宜刻骨이니라.

① 유빈(柳玭) : 당나라 때 사람. 이부시랑(吏部侍郎)과 어사대부
  (御史大夫)를 지냄. 〈유씨가훈(柳氏家訓)〉을 지었음.

한 소열(漢昭烈)①이 임종이 가까와 후주에게 칙하여
이르기를, 악한 일은 비록 작은 것이라 할지라도 행하
지 말며, 착한 일은 비록 작은 것이라 할지라도 행해
야 한다.

漢昭烈이 將終하실 때 勅後主曰하시되 勿以惡小而爲之하며 勿
以善小而不爲하라.

① 한 소열(漢昭烈) : 삼국시대 촉한 초대 왕. 성은 유(劉), 이름은

제1권 39

비(備), 자는 현덕(玄德). 소열은 시호. 조조(曹操), 손권(孫權) 과 천하를 삼분하여 촉한을 건국함.

범 충선공(范忠宣公)①이 자제에게 경계하여 이르기를, 사람이 비록 어리석다 하여도 다른 사람을 책하는 데 에는 밝고, 사람이 비록 총명하다 하여도 자기를 살피 는 데에는 어둡나니, 너희들은 오직 항상 타인을 책하 는 마음으로 자기 자신을 책하고, 자기 자신을 용서하 는 마음으로 타인을 용서하면 성현의 지위에 이르지 못 할까 보아 염려할 필요가 전혀 없다.

范忠宣公이 戒子弟하여 曰하되 人雖至愚이라도 責人則明하고 雖有聰明이라도 恕己則昏하나니 爾曹는 但常以責人之心으로 責 己하고 恕己之心으로 恕人하면 不患不到聖賢地位也하리라.

① 범 충선공(范忠宣公) : 송나라 때의 사람. 이름은 순인(純仁), 자 는 요부(堯夫). 충선은 시호. 신종(神宗) 때에 왕안석(王安石)의 신법에 반대하여 한때 실각하였으나 휘종(徽宗)이 즉위하여 관문 전태학사(觀文殿太學史)에 제수함.

공감(孔戡)①은 의를 행하는 데 있어서 즐기는 일을 하듯 앞뒤를 돌아보지 않았고, 이익과 작록에 대해서 는 두려워하여 달아나 피하되 겁장이처럼 하였다.

孔戡이 於爲義에 若嗜慾하여 不顧前後하고 於利與祿이란 則
畏避退怯하되 如懦夫然하더라.

註 ① 공감(孔戡) : 당나라 때 사람. 자는 승시(勝始).

　마원(馬援)①의 형님의 아들 엄(嚴)과 돈(敦)이 모두
남의 험담을 즐겨 경박하게 통하는 협객들을 사귀었으
므로 원(援)이 교지에 있으면서 글을 써서 경계하여 이
르기를, 나는 너희들의 허물을 남에게서 들었으되 부
모의 이름을 들은 것처럼 귀로만 듣고 말 뿐, 가히 입
으로 말하지는 않는다. 사람의 좋고 나쁨에 대하여 의
논하기를 즐기고, 망령되게 정한 법을 가지고 옳다 그
르다 하는 것이 나의 커다란 잘못이니 차라리 죽을지
언정 자손에게 이런 행적이 있다는 것을 듣고 싶지 않
구나.
　용백고(龍伯高)는 인정이 두터우며 원만하고 조심스
러워 입에서 가려 할 말이 없으며, 겸손하고 간략하며,
절조있고 근검하며, 청렴하고 공평하며, 위엄이 있어
서 내가 애지중지하니 너희들이 본받기를 원하노라.
　두계량(杜季良)은 호협하고 의를 좋아하여 남의 근심
을 함께 염려하고, 남의 즐거움을 함께 즐거워했다. 또
한 맑고 흐린 것에 있어 잃은 바가 없어서 아버지가

돌아가시자 여러 고을에서 문상객이 다다랐다. 그리하
여 내가 그를 애지중지하지만 너희들이 본받기를 원치
않노라.

백고(伯高)를 본받으려다가 이루지 못하더라도 조심
스런 선비는 될 수 있으니, 소위 고니를 새기다가 이
루지 못하더라도 집오리 종류라도 되는 것과 같다. 그
러나 계량을 본받으려 하다가 이루지 못하면 휩쓸려 천
하에 경박한 아이가 되리니, 소위 범을 그리려다가 이
루지 못하면 오히려 개 종류를 그리는 경우와 같다.

馬援의 兄子嚴敦이 並喜譏議하여 而通輕俠客하더니 援이 在
交趾하여 還書誡之曰하되 吾欲汝曹가 聞人過失하되 如聞父母之
名하여 耳可得聞이언정 口不可得言也하노라. 好議論人의 長短
하며 妄是非正法이 此가 吾所大惡也이니 寧死이언정 不願聞子
孫의 有此行也하노라. 龍伯高는 敦厚周愼하여 口無擇言하며 謙
約節儉하며 廉公有威하니 吾가 愛之重之하여 願汝曹의 效之하
노라. 杜季良은 豪俠好義하여 憂人之憂하며 樂人之樂하며 淸濁
에 無所失하여 父喪에 致客하되 數郡이 畢至하니 吾가 愛之重
之하여 不願汝曹의 效也하노라. 效伯高하다가 不得이라도 猶爲
謹敕之士하리니 所謂刻鵠不成이라도 尙類鶩者也이니라. 效季良
하다가 不得하면 陷爲天下輕薄子하리니 所謂畫虎不成하면 反類
狗者也이니라.

圖 ① 마원(馬援) : 후한의 무장·정치가. 자는 문연(文淵). 광무제(光
武帝) 때 강족(羌族)을 평정, 교지(交趾)의 난을 진압하고 흉노
(匈奴)를 쳐서 공을 세움. 복파장군(伏波將軍)이 되어 세상에서
마복파라 불렸음. 오수전(五銖錢)의 주조(鑄造)를 실현함.

제2 효친장(孝親章)

　문왕①이 세자로 있을 때에 부친 왕계(王季)②에게 조배하시되 매일 세 번씩 하였다. 첫닭이 울면 옷을 차려 입고 침실 문 밖에 이르러 내시에게 묻기를 「오늘 안부가 어떠하시오?」 내시가 이르기를 「편안하십니다.」 하고 대답하면 매우 기뻐하였다. 한낮에 이르러 또 이같이 하였으며, 저물 무렵에 이르러 또 이같이 하였다.

　그러다가 편안하지 못한 데가 있어서 내시가 문왕께 아뢰면, 문왕의 안색이 근심으로 가득 차고 바르게 걷지도 못하며, 부친 왕계가 회복되어 수라를 전같이 하신 후에야 역시 이전처럼 문안을 드렸다.

　수라를 올릴 때에는 반드시 차고 더운지를 살펴보고

수라를 물릴 때에는 그 수라에 대해서 여쭈어 보며, 맛
이 변변치 않을 때에는 선재(膳宰)③에게 명하여「다시
는 그러지 말라.」이르고는「예.」하는 문답을 들은 연
후에야 물러났다.

　文王之爲世子에　朝於王季하시되　日三하시더니　雞初鳴而衣服
하여　至於寢門外하여　問內竪之御者하여　曰하시되　今日安否가　何
如오.　內竪가　曰하되　安이라 하거든　文王이　乃喜하시더니　及日
中하여　又至하여　亦如之하시며　及莫하여　又至하여　亦如之하시
더니　其有不安節이시거든　則內竪가　以告文王하여　文王이　色憂
하여　行不能正履하시더니　王季復膳然後에야　亦復初하시더니　食
上에　必在視寒暖之節하시며　食下이시거든　問所膳하시고　命膳宰
曰하시되　末有原하라.　應曰하되　諾이다　然後에야　退더이다.

　① 문왕(文王) : 주(周)나라를 창건한 왕. 이름은 희창(姬昌).
　② 왕계(王季) : 문왕의 아버지. 이름은 계력(季歷).
　③ 선재(膳宰) : 주나라 때 궁중의 음식을 맡아 보던 선부(膳夫)의
　　우두머리.

　문왕이 병들자 무왕①이 관과 띠를 풀지 않고 받들더
니, 문왕이 한 번 식사하면 역시 한 번 하고, 문왕이
두 번 하면 역시 두 번 식사를 하였다.

　文王이　有疾이시거든　武王이　不說冠帶而養하시더니　文王이　一
飯하시거든　亦一飯하시며　文王이　再飯하시거든　亦再飯하시더이
다.

註 ① 무왕(武王) : 문왕의 아들. 이름은 발(發). 여상(呂尙)을 태사(太師)로 하고, 아우 주공(周公) 단(旦)과 협력하여 은조(殷朝)를 몰아내고 주왕조(周王朝)를 창건함.

공자가 이르기를, 무왕 주공(周公)은 그 효도가 지극한데 무릇 효도란 사람의 뜻을 선하게 이으며, 사람의 일을 선하게 따르는 것이다. 그 지위를 밟고, 그 예를 행하며, 그 음악을 연주하고, 그 존경하던 것을 공경하며, 그 친애하던 것을 사랑하고 또한 죽음을 섬기되 산사람을 섬기듯 하며, 돌아가신 부모 섬기기를 살아 있는 분을 섬기듯 하니 이는 바로 효도가 지극함이니라.

孔子가 曰하시되 武王周公은 其達孝矣乎이신데 夫孝者는 善繼人之志하며 善述人之事者也이니라. 踐其位하며 行其禮하며 奏其樂하며 敬其所尊하며 愛其所親하며 事死하되 如事生하며 事亡하되 如事存하시니 孝之至也이라.

맹자가 이르기를, 증자(曾子)①가 증석(曾晳)을 봉양하되 반드시 술과 고기를 갖추어 내더니, 상을 물릴 때에는 반드시 누구에게 줄 것인가를 물으며, 남은 것이 있느냐고 물으면 언제라도 반드시 「있읍니다.」 하고 대답하였다.

증석이 죽거늘 증원(曾元)이 증자를 봉양하되 반드시

술과 고기를 갖추어 내더니, 상을 물릴 때 누구에게 주
는가를 묻지 아니하고, 남은 것을 물으면 대답하기를
「없읍니다. 장차 다시 내오라고 하겠읍니다.」하였다.
이는 소위 입과 몸만을 봉양한 것으로, 증자는 가히 뜻
을 봉양하였다고 말할 수 있으니, 어버이 섬김은 증자
처럼 해야 한다.

　孟子가 曰하시되 曾子가 養曾晳하시되 必有酒肉하시더니 將
徹할 때 必請所與하며 問有餘하시거든 必曰하시되 有하시더라.
曾晳이 死하거늘 曾元이 養曾子하여 必有酒肉하더니 將徹할 때
不請所與하되 問有餘하시거든 曰하되 亡矣라 하니 將以復進也
이라. 此는 所謂養口體者也이니 若曾子則可謂養志也이니 事親
이 若曾子者는 可也이니라.

註 ① 증자(曾子) : 춘추시대 노나라 때의 사상가・유학자. 공자의 제
　　자로 이름은 삼(參), 자는 자여(子輿). 효도를 역설하였으며, 공
　　자의 사상을 조술(祖述)하여 공자의 손자 자사(子思)에게 전함.
　　저서로 〈증자〉〈효경(孝經)〉이 있음.

　증자가 이르기를, 효자의 노인 봉양하는 법은 마음
을 즐겁게 하고, 뜻을 거스르지 않으며, 귀와 눈을 즐
겁게 하고, 잠자리와 거처를 편안하게 하며, 음식을 정
성껏 잘 대접해야 한다.
　이런 까닭으로 부모가 사랑하는 것을 역시 사랑하고,
부모가 공경하는 것을 역시 공경하며, 개와 말에 이르

러서도 다 그렇게 할지니, 하물며 사람에게 이르러서
야 더 말할 나위가 있겠는가.

曾子가 曰하시되 孝子之養老也는 樂其心하며 不違其志하며 樂
其耳目하며 安其寢處하며 以其飮食으로 忠養之니 是故로 父母
之所愛를 亦愛之하며 父母之所敬을 亦敬之니 至於犬馬하여도 盡
然이거니 而況於人乎일지니.

공자가 이르기를, 부모가 낳으시고 대를 잇게 하셨
으니 이보다 더 큰 것이 없고, 임금과 어버이가 가까
이 계시니 두터움이 이보다 소중한 것이 없다. 이런
연유로 그 어버이를 사랑하지 않고 남을 사랑하는 사
람을 일러 도리와 의리에 어그러졌다고 하며, 그 어버
이를 공경하지 않고 남을 공경하는 사람을 일러 예의
에 어그러졌다고 한다.

孔子가 曰하시되 父母가 生之하시니 續莫大焉하며 君親이 臨
之하시니 厚莫重焉하니라. 是故로 不愛其親하고 而愛他人者를
謂之悖德이며 不敬其親하고 而敬他人者를 謂之悖禮니라.

효자의 부모 섬김은, 거처하실 때 공경스럽게 받들
고, 지극히 봉양할 때 즐겁게 받들며, 병이 나시면 염
려하고, 상을 당했을 때에는 슬픔을 다하며, 제사를 지
낼 때에는 엄숙함을 다해야 한다. 이 다섯 가지를 모

두 갖춘 연후에야 능히 부모를 섬길 수 있는 것이다.

부모를 잘 섬기는 사람은 위에 있을지라도 교만하지 않고, 아래에 있다 하더라도 어지럽지 않으며, 같은 자리에 있어도 다투지 아니한다. 윗자리에 있으면서 교만하면 망하고, 아랫자리에 있으면서 혼란스러우면 형벌을 받게 되며, 같은 자리에 있으면서 다투면 병란을 일으키게 된다. 이 세 가지를 없애지 않고는 날마다 삼생(三牲)①의 고기를 바쳐 봉양한다 하여도 오히려 불효하는 것이다.

孝子之事親은 居則致其敬하며 養則致其樂하며 病則致其憂하며 喪則致其哀하며 祭則致其嚴이니 五者가 備矣然後에나 能事親이니라. 事親者는 居上不驕하며 爲下不亂하며 在醜不爭이니 居上而驕則亡하며 爲下而亂則刑하고 在醜而爭則兵하나니 此三者를 不除하면 雖日用三牲之養하여도 猶爲不孝也이니라.

① 삼생(三牲) : 산제물로서의 세 가지 짐승. 즉, 소·양·돼지를 말함.

〈여교(女敎)〉에 이르기를, 시부모가 며느리를 얻는 것은 능히 효도를 잘함에 있으니, 극진히 효도하지 않으면 며느리를 얻어서 무엇하리요.

며느리 된 사람은 이른 아침부터 밤늦게까지 공경해

야 하며, 조심하기를 비록 작은 일이라도 그 뜻에 어긋날까 염려해야 한다. 시부모 모심은 그 높기가 하늘 같으니 모름지기 공경하고 공손히 받들되, 자신의 나은 점을 의지하지 말며, 매질을 하거나 꾸짖어도 기꺼이 받아들여야 한다. 이것이 바로 진실로 나를 사랑함이니 어찌 감히 말을 할 수 있겠는가. 이는 저 동쪽 마을의 부인에게는 일찌기 실시하지 못하고 모름지기 내 친한 사람에게만 이처럼 가르치는 것이니, 말을 풀어 보려 한다면 패륜적인 거슬림과 같은 것이 되므로 오로지 굽히고 좇아서 효도와 공경에 더욱 힘써야 한다.

혹시 부름이 있거든 듣는 즉시로 행할지니, 비록 몹시 힘들지라도 어찌 잠깐이나마 자신의 안녕을 구할 수 있으리요. 편안할 때에는 봉양을 다하기 위하여 시장하지 않을까 염려하고, 병이 나시면 극진히 염려하며 옷의 띠를 풀지 말아야 한다. 후손들이 이 법칙을 본받아 역시 너희들이 한 것처럼 하리니, 몸으로 가르치면 그것을 따르므로 조심하고 또 경계하라.

女敎에 云하되 舅姑가 娶婦는 在能孝之니 苟不能孝이면 娶汝何爲리요. 爲之婦者가 夙夜祗畏하여 惟恐一毫이나 稍違其意니라. 舅姑之尊이 其高가 猶天하니 必敬必恭하여 毋倚己賢이오. 倘有笞詈라도 悅豫而受하라. 此實我愛니 言敢出口아 彼東隣婦에 曾不施之오 必於我親에 乃爾敎之니 出言自解하면 即同悖逆

이라. 但當曲從하여 孝敬을 益力이니라. 或有指使이거든 聞命
卽行이니 雖甚勞勤나 豈敢自寧이리요. 安則致養하여 唯恐其餒
하고 病則致憂하여 衣不解帶니라. 後人이 則傚하여 亦如汝爲하
리니 身敎而從이리니 愼之戒之이다.

〈내칙(內則)〉①에 이르기를, 부모와 시부모가 곁에 있
을 때 명령하시면 「예.」하고 공손히 대답하고, 나아가
고 물러남에 있어 가장자리로 돌아 신중하고 가지런히
하며, 오르고 내리고 나고 들 때에는 허리를 굽히고,
모으게 하고 흩어지게 하며, 감히 딸국질을 하거나 한
숨을 쉬거나 재채기를 하거나 기침하거나 하품하거나
기지개를 켜거나 한쪽으로 기대서거나 곁눈질을 해서
는 안 된다.

또한 침을 뱉거나 코를 풀지 말아야 하며, 추워도
감히 덧입지 말고, 가려워도 감히 긁지 말며, 공경할
일이 아니거든 감히 웃옷을 벗거나 하지 말고, 강을
건너는 경우가 아니면 옷을 걷어 들지 않는다.

더러운 옷과 이불의 안은 보이지 않게 하고, 부모의
침 뱉고 코푸는 것은 보지 말며, 관과 허리띠에 때가
끼었거든 잿물에 씻어 버리기를 청하고, 의복이 터지
고 젖어졌으면 바느질하여 입을 것을 청할지니, 젊은
이가 어른을 섬기고, 천한 사람이 귀한 사람을 섬기는
것도 모두 다 이처럼 따라야 할 것이다.

內則에 曰하되 在父母舅姑之所하여 有命之하시거든 應唯敬對하며 進退周旋에 愼齊하며 升降出入에 揖遊하며 不敢噦噫嚏咳欠伸跛倚睇視하며 不敢唾洟하며 寒不敢襲하며 癢不敢搔하며 不有敬事이거든 不敢袒裼하며 不涉이거든 不撅하며 褻衣衾을 不見裏하며 父母唾洟를 不見하며 冠帶垢이거든 和灰하여 請漱하며 衣裳이 垢이거든 和灰하여 請澣하며 衣裳이 綻裂이거든 紉箴하여 請補綴하거니 少事長하며 賤事貴함을 共帥時니라.

➊ 내칙(內則) : 〈예기(禮記)〉의 편명(篇名). 규중(閨中) 여인들이 지켜야 할 도리가 기록되어 있음.

아들과 며느리가 효도하고 공경하는 것은 부모와 시부모의 명령을 거스르지 아니하고 게으르지 아니하며, 만일 음식을 먹으라시면 비록 즐기지 않더라도 반드시 맛을 보고서 기다려야 한다. 만일 옷을 주시거든 비록 입고 싶지 않더라도 반드시 입고서 기다려야 하며, 일을 시키고도 다른 사람에게 그 일을 대신하게 하거든 비록 원하는 바가 아니더라도 잠시 함께 있으면서 일을 한 후에 다시 자기가 하도록 한다.

子婦가 孝者敬者는 父母舅姑之命을 勿逆勿怠니 若飮食之이시거든 雖不耆나 必嘗而待하며 加之衣服이시거든 雖不欲이나 必服而待하며 加之事이오. 人代之己이시거든 雖不欲이나 姑與之하고 而姑使之而後에나 復之하리라.

〈곡례〉에 이르기를, 부모가 병이 나시거든 관을 쓴 머리를 빗지 말 것이며, 걸어가되 가볍게 걷지 말고, 말을 게을리하지 말며, 가야금과 비파를 타지 말고, 고기를 먹되 맛을 잃을 정도로 많이 먹지 말며, 술을 마시되 얼굴에 나타나도록 마시지 말고, 웃되 잇몸이 보이게 웃지 말며, 병이 다 나으시면 다시 옛날로 돌아가도록 한다.

曲禮에 曰하되 父母가 有疾이시거든 冠者가 不櫛하며 行不翔하며 言不惰하며 琴瑟을 不御하며 食肉을 不至變味하며 飮酒를 不至變貌하며 笑不至矧하며 怒不至詈니 疾止하시거든 復故이니라.

사마 온공(司馬溫公)이 이르기를, 부모와 시부모가 병이 나셨을 때 아들과 며느리는 연고가 없거든 곁에서 떠나지 말고, 친히 약을 조제해서 맛보아 올리며, 아들과 며느리는 너무 좋은 안색을 보이지 말고, 희롱하듯 웃지 말며, 연회를 베풀지 말고, 그 밖의 일을 모두 접어 두고 의사를 청하여 백방으로 약짓는 데 힘써야 하며, 병이 다 나으면 다시 예전처럼 하도록 한다.

司馬溫公이 曰하되 父母舅姑가 有疾이시거든 子婦가 無故이거든 不離側하며 親調嘗藥餌而供之하고 子婦가 色不滿容하며 不戱笑하며 不宴遊하며 舍置餘事하고 專以迎醫檢方合藥으로 爲務

이니 疾已커든 復初이니라

　백유(伯兪)①에게 허물이 있어서 그의 어머니가 매질을 하자 그가 흐느껴 울었다. 어머니가 이르기를 「다른 날에는 매질을 하여도 전혀 울지를 않더니 오늘 우는 것은 어쩐 일인가.」유가 대답하기를「제가 죄를 저질러 매를 맞는 것이 늘 고통스러웠는데, 이제 어머니의 힘이 저를 아프게 하지 못하시므로 웁니다.」

　그런고로 이르기를, 부모가 노하셨을 때 뜻에 어긋나지 않게 하고, 언짢음을 안색에 나타내지 않으며 깊이 그 죄를 받아들이고, 부모로 하여금 애련하게 함이 상책이다. 부모가 노하셨을 때 뜻에 어긋나게 하지 않고, 언짢음을 안색에 나타내지 않음이 그 버금가는 일이며, 부모가 노하셨을 때 뜻을 나타내되 언짢음을 안색에 나타내는 것은 가장 나쁜 것이다.

　伯兪가 有過이거늘 其母가 笞之하매 泣하므로 其母가 曰하되 他日에 笞하였던 子가 未嘗泣하더니 今泣은 何也오. 對曰하되 兪가 得罪이거든 笞常痛하더니 今에 母之力이 不能使痛일 때 是以로 泣하노이다. 故로 曰하되 父母가 怒之이시거든 不作於意하며 不見於色하여 深受其罪하여 使可哀憐이 上也이라. 父母가 怒之이시거든 不作於意하며 不見於色이 其次也이라. 父母가 怒之이시거든 作於意하되 見於色이 下也이라.

註 ① 백유(伯兪) : 한나라 때 사람. 〈설원(說苑)〉에 백유읍장(伯兪泣
杖)이란 일화가 실려 있음.

〈내칙〉에 이르기를, 부모에게 계집과 서자와 서손이
있어서 그들을 심히 사랑하셨다면 비록 부모가 안 계
실지라도 몸이 다할 때까지 공경하여 쇠하지 않게 해
야 한다.

　아들이 두 첩을 두었는데 부모는 한 사람을 사랑하
시고 아들은 다른 한 사람을 사랑한다면, 의복이며 음
식 등 여러 가지 일을 집행하는 데 있어서 부모가 사
랑하시는 첩에 감히 비교하려 해선 안 된다. 비록 부
모가 안 계실지라도 쇠하지 않게 해야 한다.

　內則에 曰하되 父母가 有婢子若庶子庶孫을 甚愛之이시거든 雖
父母가 沒하셔도 沒身敬之하여 不衰하리라.　子의 有二妾을 父
母는 愛一人焉하시고 子는 愛一人焉이시거든 由衣服飮食과 由
執事를 毋敢視父母所愛하여 雖父母가 沒하셔도 不衰하리라.

　아들이 아내를 매우 마땅히 여기더라도 부모가 기뻐
하지 않으시면 며느리를 내보내야 하고, 아들이 아내
를 마땅히 여기지 않더라도 부모가 「나를 잘 섬긴다.」
라고 말씀하신다면 아들은 부부의 예를 행하여 몸이
다할 때까지 쇠하지 말아야 한다.

子가 甚宜其妻라도 父母가 不說이시거든 出하고 子가 不宜其
妻라도 父母가 曰하시되 是나 善事我이시거든 子가 行夫婦之禮
焉하여 沒身不衰하리라.

시아버지가 안 계시면 시어머니도 노쇠하시니, 맏며
느리는 제사나 손님 접대나 온갖 허드렛일을 반드시
시어머니께 청하여 처리하고, 다른 며느리들은 맏며느
리에게 일을 청하여 처리한다. 시어머니가 맏며느리를
시키거든 게으름을 부리지 말고 만일 다른 며느리에게
일을 시킬지라도 감히 맏며느리에게 필적하려 들지 말
며, 함께 행하려 하지 말고, 똑같이 명하지 말며, 함
께 앉으려 하지 말라.

무릇 며느리들은 시어머니가 자기 방에 가라고 명하
지 아니하면 감히 물러나오지 말아야 한다. 또한 며느
리들은 장차 일이 있을 때에는 큰일이든 작은 일이든
반드시 시어머니께 청한 후에 행해야 하느니라.

舅가 沒則姑가 老하나니 冢婦가 所祭祀賓客每事를 必請於姑
하고 介婦는 請於冢婦이나니 舅姑가 使冢婦이시거든 毋怠하여
不友無禮於介婦이니라. 舅姑가 若使介婦이시거든 毋敢敵耦於冢
婦하며 不敢並行하며 不敢並命하며 不敢並坐이니라. 凡婦가 不
命適私室이시거든 不敢退니라. 婦가 將有事이거든 大小를 必請
於舅姑이니라.

부모가 비록 안 계시더라도 장차 선을 행할 때에는

부모에게 훌륭한 이름을 남겨 드린다는 생각으로 반드시 과단성 있게 행동하며, 장차 선하지 않은 것을 행할 때에는 부모에게 수치스러운 치욕을 남겨 드린다는 생각으로 반드시 과단성 있게 해서는 안 된다.

父母가 雖沒하시나 將爲善할 때 思貽父母令名하여 必果하며 將爲不善할 때 思貽父母羞辱하여 必不果이니라.

이천(伊川) 선생이 이르기를, 부모가 안 계신 사람은 태어난 날이 되면 두 배의 슬픔을 맛볼 것이니, 어찌 술을 마시고 음악에 취하여 즐길 수 있으리요. 부모가 다 살아 있는 사람은 그렇게 해도 좋을 것이다.

伊川先生이 曰하시되 人이 無父母이거든 生日에 當倍悲痛이니 更安忍置酒張樂하여 以爲樂이리요. 若具慶者는 可矣니라.

〈예기〉에 이르기를, 부모를 섬기되 은근하게 하고 죄를 범하지 않으며, 좌우로 나아가 봉양하되 방향을 가리지 않는다. 부지런히 섬기다 돌아가시면 삼년상을 입는다.

임금을 섬기되 방향을 가려야 하며, 부지런히 섬기다 돌아가시면 변함없이 삼년상을 입는다.

스승을 섬기되 죄를 범하지 않고 은근함이 있어서도 안 되며, 좌우로 나아가 섬기되 방향을 가리지 않으며 부지런히 섬기다 돌아가시면 마음속으로 삼년상을 입는다.

禮記에 曰하되 事親하되 有隱而無犯하며 左右就養하되 無方하며 服勤至死하면 致喪三年이니라. 事君하되 有犯而無隱하며 左右就養하되 有方하며 服勤至死하면 方喪三年이니라. 事師하되 無犯無隱하며 左右就養하되 無方하며 服勤至死하면 心喪三年이니라.

사마 온공(司馬溫公)이 이르기를, 부모의 상중에는 중문 밖에 검박하고 누추한 집을 택하여 남자의 거상을 만들며, 상복을 입고 거적에서 자며, 흙덩이를 베고, 상복과 머리에서 띠를 풀지 않으며, 사람과 가까이 어울려 앉지 않는다.

부인은 중문 안에 있는 별실에 거하고, 장막이나 이불이나 요 등 화려한 것을 걷어야 한다. 남자는 연고가 없는 한 중문 안에 드나들지 말고, 부인은 남자가 거상하는 곳에 갑자기 가지 말아야 한다.

진(晋)나라 진수(陳壽)가 아버지의 상을 당해 병이 났으므로 여자종을 시켜 환약을 지었다. 손님이 그것을 보고 향당에서 그 일을 배척하는 의논을 했다. 그로 인하여 벼슬길이 막혀 죽을 때까지 불우하게 지냈다. 이처럼 혐의로운 제사일 때에는 가히 삼가지 않으면 안 된다.

司馬溫公이 曰하시되 父母之喪에 中門外에 擇樸陋之室하여 爲
丈夫喪次하고 斬衰하며 寢苫하며 枕塊하며 不脫絰帶하며 不與
人坐焉이니라. 婦人은 次於中門之內別室하고 撤去帷帳衾褥華麗
之物이니라. 男子가 無故이거든 不入中門하며 婦人이 不得輒至
男子喪次이니라. 晋·陳·壽가 遭父喪하여 有疾이거늘 使婢丸
藥하나니 客이 徃見之하고 鄕黨이 以爲貶議하니 坐是沈滯하여
坎坷終身하니 嫌疑之際면 不可不愼이니라.

옛날에 부모의 초상이 나면, 시신을 안치하고 죽을
먹으며, 상복을 입는 동안에는 거친 밥을 먹고 물을 마
시되, 채소와 과일은 먹지 않았다.

부모의 상을 당하면 삼우제①와 졸곡제②를 지내는 동
안에는 거친 밥을 먹고 물을 마시며, 채소와 과일을 먹
지 않았다. 1주기에는 소상을 지내고 채소와 과일을
먹으며, 또 1년이 지나면 대상을 지내고 초와 장을 먹
는다. 한 달 사이에 담제③를 지내고 담제를 지낸 후
단술을 먹는다. 처음 술을 마시는 사람은 단술을 마시
고, 처음 고기를 먹는 사람은 마른 고기부터 먹는 것
이다. 옛 사람은 거상 기간에 감히 드러내 놓고 고기
를 먹거나 술을 마시지 않았다.

한(漢)나라의 창읍왕(昌邑王)④은 소제(昭帝)의 거상을
듣고 가는 도중에 소식을 먹지 않았다 하여 곽광(霍光)⑤

이 그 죄를 헤아려 폐하였다. 진(晋)나라의 완적(阮籍)⑥
은 재주를 믿고 방자스러워 거상을 함에 있어서 예의
가 없기에 하증(何曾)⑦이 문제(文帝)와 함께 있는 자리
에서 완적에게 이르기를 「당신은 패할 것이 가히 길지
못합니다.」하고, 이어 문제에게 이르기를 「임금님은
바야흐로 효도로써 천하를 다스리시면서 완적의 무거
운 거상을 듣고 이 자리에서 술 마시고 고기 먹는 것
을 허락하시다니요. 마땅히 나라 끝으로 내쫓아서 중
국 본토를 더럽히지 않도록 하셔야 합니다.」

　송(宋)나라의 여능왕(盧陵王) 의진(義眞)은 무제(武帝)
의 상을 당하여 좌우의 여러 사람을 시켜 생선과 고기
와 귀한 반찬을 사서 재실 안에 각별히 주방을 세웠다.
마침 사관인 유담(劉湛)⑧이 들어오자 명하기를 「술을
데우고 바닷조개를 구워 오라.」하자 담이 정색하며 이
르기를「임금은 지금 이러한 것들을 차리심이 마땅하
지 못합니다.」의진이 이르기를 「아침이 몹시 추우니
사관은 내가 하는 일을 한집안 일과 다르게 여기지 않
기를 바라노라.」그러나 술이 나오자 담이 일어나 이
르기를「이미 예로써 능히 스스로 처신하지 못하고 또
한 다른 사람까지도 예로써 처신하지 못하게 합니다.」

　수양제(隨煬帝)가 태자였을 때 문헌왕후(文獻王后)의
거상을 입었는데, 매일 아침 두 움큼의 쌀을 바치게 하

고, 사사로이 명하여 밖으로부터 살진 고기와 말린 고기와 젓갈을 가져다가 대나무로 만든 통 속에 넣어 밀랍으로 입구를 막은 후 옷보자기에 싸서 옮겨 놓게 하였다.

호남(湖南)의 초왕(楚王) 다희성(馬希聲)⑨이 아버지 무목왕(武穆王)⑩의 장례 치르는 날에 오히려 닭고깃국을 먹자, 그 관속인 반기(潘起)가 비꼬아 이르기를 「옛날에 완적은 상을 당하여 찐 돼지고기를 먹었다 하더니 그 어느 때에 현인이 나타날 것인가.」 그러나 5대의 시절에도 상을 당했을 때 고기 먹는 사람을 오히려 사람들이 이상히 여겼으니, 흘러들어온 풍속의 폐단이 심히 최근의 일인 모양이다.

이제는 사대부가 거상하여서 고기 먹고 술 마시고 하여 평일과 마찬가지로 지내며, 또 서로 좇아가 연회를 벌이면서도 무안해하거나 부끄러워하지 않는다. 사람들 역시 아무렇지 않게 여겨 의심하지 아니하며, 예의 풍속이 허물어짐을 익혀 아무렇지 않게 여기나니 슬픈 일이로다.

시골 사람이 혹 첫 거상에 염을 하지 못하였어도 친척이 술과 찬을 가져다가 위로하고, 주인 또한 술과 찬을 스스로 준비하여 서로 함께 취하여 배불리 먹기를 연일 계속하며, 장례 치를 때에도 역시 그렇게 먹고 마신다. 심한 사람은 첫 거상에 음악을 연주하여 죽은 사람을 즐겁게 한다 하고, 시체를 입관해서 안치할 때에도 음악을 연주하여 영구차를 인도하고 울면서 좇으며, 또 거상을 당하고도 곧 시집 장가가는 사람이 있으니 슬픈 일이로다.

익혀 내려온 풍속은 고치기 어렵고, 우직한 사람들은 깨우치기 어려운 바가 결국 이러한 지경에 이를진대 무릇 부모의 거상을 당한 사람은 대상 전에는 고기 먹고 술 마시는 것을 삼가야 한다. 만약 병이 나서 모름지기 잠시 고기 먹고 술을 마시더라도 병이 낫거든 역시 이전처럼 돌아가야 한다.

혹 평소 먹는 밥을 목구멍으로 넘기지 못해, 오랫동안 고달파서 병이 생길까 염려스러울 때에는 고기의 즙과 말린 고기와 젓갈과 혹 고기 아닌 것으로 그 입맛을 돋우게 할지언정 방자하게 진수성찬을 먹거나 사람과 더불어 즐겁게 지내서는 안 된다. 이는 비록 거상의 상복을 입었으되 실은 상례를 행하지 않은 것이다. 단지 쉰 살이 넘어 혈기가 이미 쇠하여서 술과 고기를 반드시 갖추어 부양해야만 하는 사람이라면 반드시 그렇게 하지 않아도 좋다.

거상을 당하여, 음악을 듣거나, 시집 장가 가는 사람은 나라에서 정한 법이 있기 때문에 이에 대해 다시 논할 바가 못 된다.

古者엔 父母之喪엔 旣殯하고 食粥하며 齊衰엔 疏食水飲하고
不食菜果하며 父母之喪엔 旣虞卒哭하고 疏食水飲하고 不食菜果
하며 期而小祥하고 食菜果하며 又期而大祥하고 食醯醬하며 中月
而禫하고 禫而飲醴酒하더니 始飲酒者가 先飲醴酒하고 始食肉者
가 先食乾肉하더니 古人이 居喪에 無敢公然食肉飲酒者하더라.
漢昌邑王이 奔昭帝之喪할 때 居道上하여 不素食하더니 霍光이
數其罪而廢之하니라. 晉阮籍이 負才放誕하여 居喪無禮커늘 何
曾이 面質籍於文帝坐하여 曰하되 卿은 敗俗之人이 不可長也이
라 하고 因言於帝하여 曰하되 公이 方以孝로 治天下하시되 而
聽阮籍의 以重哀로 飲酒食肉於公坐하시나니 宜擯四裔하여 無令
汚染華夏이니이다. 宋盧陵王義眞이 居武帝憂하여 使左右로 買
魚肉珍羞하여 於齋內에 別立廚帳이러니 會長史劉湛이 入하거늘
因命臑酒하고 炙車螯한데 湛이 正色曰하되 公이 當今에 不宜有
此設하니이다. 義眞이 曰하되 旦가 甚寒하니 長史는 事同一家하
니 望不爲異하노라. 酒가 至하거늘 湛이 起曰하되 旣不能以禮
로 自處하고 又不能以禮로 處人하놋다. 隋煬帝爲太子에 居文獻
皇后喪하여서 每朝에 令進二溢米하고 而私令外로 取肥肉脯鮓하
여 置竹筒中하고 以蠟으로 閉口하고 衣袱으로 裹而納之하더라.
湖南楚王馬希聲이 葬其父武穆王之日에 猶食雞臛하더니 其官屬
潘起譏之曰하되 昔에 阮籍이 居喪하여서 食蒸豚하더니 何代無
賢이어요 하니 然則五代之時에 居喪食肉者를 人이 猶以爲異事
하니 是流俗之弊其來甚近也이로다. 今之士大夫가 居喪하여서 食
肉飲酒가 無異平日하여 又相從宴集하여 靦然無愧하거든 人亦恬
不爲怪하여 禮俗之壞를 習以爲常하나니 悲夫이라. 乃至鄙野之
人이 或初喪에 未斂이라고 親賓이 則齎酒饌하여 往勞之거든 主
人이 亦自備酒饌하여 相與飲啜하여 醉飽連日하며 及葬하여도 亦

如之하나니라. 甚者는 初喪에 作樂하여 以娛尸하며 及殯葬則以
樂으로 導輴車하고 而號泣隨之하며 亦有乘喪하여 即嫁娶者하니
噫라. 習俗之難變과 愚夫之難曉가 乃至此乎이여 凡居父母之喪
者는 大祥之前에 皆未可飮酒食肉이니 若有疾하여 蹔須食飮이라
도 疾止이거든 亦當復初이니라. 必苦素食을 不能下咽하여 久而
羸憊하여 恐成疾者는 可以肉汁及脯醢와 或肉少許로 助其滋味언
정 不可恣食珍羞盛饌하며 及與人燕樂이며 是則雖被衰麻하나 其
實은 不行喪也이니라. 唯五十以上에 血氣旣衰하여 必資酒肉하
여 扶養者는 則不必然爾니라. 其居喪에 聽樂及嫁娶者는 國有正
法할 때 此에 不復論하노라.

註 ① 우제(虞祭): 초우(初虞)·재우(再虞)·삼우(三虞)의 총칭. 삼우
　　제.
② 졸곡제(卒哭祭): 삼우제를 지낸 뒤에 지내는 제사. 삼우 후에 강
　　일(剛日)을 만나면 지내는데, 사람이 죽은 지 석 달 만에 지냄.
③ 담제(禫祭): 대상(大祥)을 지낸 다음 달에 지내는 제사. 담사
　　(禫祀).
④ 창읍왕(昌邑王): 한나라 무제(武帝)의 아들. 이름은 유하(劉賀).
　　소제가 스무 살에 죽자 형인 창읍왕이 제위에 올랐으나 재위 27일
　　만에 폐위됨.
⑤ 곽광(霍光): 전한 때의 사람. 대사마대장(大司馬大將)으로 소제
　　를 받들었음. 다음 대인 창읍왕의 소행이 음란하였으므로 폐위시
　　키고 선제(宣帝)를 세움.
⑥ 완적(阮籍): 삼국시대 위나라의 사상가. 죽림칠현(竹林七賢)의
　　한 사람. 자는 사종(嗣宗). 노장(老莊)을 좋아하였으며, 술과 청
　　담으로 세월을 보냈음. 저서에 〈영회시(永懷詩)〉〈달장론(達莊論)〉
　　등이 있음.
⑦ 하증(何曾): 자는 정효(潁孝), 시호는 원(元).
⑧ 유담(劉湛): 자는 홍인(弘仁). 왕부장사(王府長史)까지 지냄. 표
　　성왕(彪城王) 의강(義康)과 결탁하여 문제(文帝)를 주살함.
⑨ 마희성(馬希聲): 자는 약눌(若訥). 오대십국(五代十國) 때의 사
　　람. 초왕인 은(殷)의 둘째아들. 양(梁) 태조가 닭고기를 좋아한다
　　는 얘기를 듣고 하루에 50마리를 삶아서 바쳤다고 함.

⑩ 무목왕(武穆王) : 오대십국 때의 사람. 이름은 은(殷), 자는 패도(霸圖), 무목은 시호. 양(梁) 태조 때 초왕(楚王)에 봉해짐.

안정(顔丁)①은 거상을 올바르게 하였다. 처음 죽음을 당해서는 경황이 없어 허둥지둥 부모를 구하려 하되 얻지를 못하고, 이미 빈장을 하고서는 실의에 잠긴 모습이 부모를 좇아가려 하되 이르지 못하는 것 같았으며, 이미 장례를 치른 뒤에는 매우 슬퍼하는 모습이 그 돌아감을 정녕 믿을 수 없다는 듯이 탄식하였다.

顔丁이 善居喪하더니 始死에 皇皇焉如有求而弗得하며 旣殯하여서는 望望焉如有從而弗及하며 旣葬하여서는 慨然如不及其反而息하더라.

註 ① 안정(顔丁) : 춘추시대 노나라 때의 사람. 〈예기〉 단궁편(檀弓篇)에 나옴.

해우령(海虞令) 하자평(何子平)①은 모친상을 입자 벼슬을 버리고 그 슬퍼함이 예의에 지나칠 정도로 심하여 매일 곡하는 도중에 별안간 정신을 잃었다가 깨어나곤 하였다. 마침 대명(大明) 말에 동토(東土)가 가난에 시달리고 전쟁이 계속 이어져 8년이나 장사를 지내지 못하였는데 밤낮으로 곡하되, 첫 거상 때 행하는

예법대로 날마다 하여 겨울에는 솜옷을 입지 아니하고
여름에는 서늘한 곳에 가지 아니하며, 하루 쌀 몇 홉
으로 죽을 만들어 먹고 소금과 나물을 입에 대지 않
았다.

사는 곳이 낡아져서 바람과 해를 가리지 못하므로
형의 아들 백흥(伯興)이 그를 위하여 수리하려고 하자
자평(子平)이 응하지 않고 이르기를 「나는 뜻한 바를
펴지 못하였는지라 천지의 죄인이라 할 수 있는데 어
찌 집을 다시 고칠 수 있을 것인가.」 채흥종(蔡興宗)②
이 회계(會稽) 태수가 되어 그를 심히 어여삐 여기고서
과분하게 무덤까지 만들어 놓았다.

海虞令何子平이 母喪에 去官하고 哀毀踰禮하여 每哭踊에 頓
絕方蘇하더라. 屬大明末에 東土가 饑荒하고 繼以師旅할 때 八
年을 不得營葬하여 晝夜에 號哭하되 常如祖括之日하여 多不衣
絮하고 夏不就清涼하며 一日以米數合으로 爲粥하고 不進鹽菜하
더라. 所居屋이 敗하여 不蔽風日이거늘 兄子伯興이 欲爲葺理하
더니 子平이 不肯曰하되 我는 情事를 未申이라 天地一罪人耳이
니 屋何宜覆이리요. 蔡興宗이 爲會稽太守이라, 甚加矜賞하여 爲
營塚壙하니라.

註 ① 하자평(何子平) : 남송 때의 사람. 문제(文帝) 때 오군 해우령(吳
郡海虞令)을 지냄.
② 채흥종(蔡興宗) : 남송 때의 사람. 낙안(樂安)의 현백(縣伯)으로
봉해졌으며, 개부의동삼사(開府儀同三司)·형주자사(荊州刺史) 등
을 지냄.

제 3 혼례장(昏禮章)

　〈혼의(昏義)〉①에 이르기를, 혼인의 예의는 장차 두 성(姓)이 결합하여 좋게 지내면서, 위로는 종묘의 제사를 모시고 아래로는 자식을 두어 후세를 잇게 하나니, 마땅히 군자는 이를 중요한 일로 여겨야 한다.

　그러므로 혼인의 예에서 납채②와 문명③과 납길④과 납징⑤과 청기⑥하는 날에는 주인이 미리 사당에 돗자리와 궤를 준비해 놓고 문 밖에 나와 절을 한 뒤에 사자(使者)를 맞아들이며, 안으로 맞아들여 서로가 읍하고 사양하며 사당에 올라가서는 사자가 전달하는 명을 듣나니, 이는 혼인의 예를 공경하며 삼가고 무겁게 하며 바르게 하려는 이유에서이다.

昏義에 曰하되 昏禮者는 將合二姓之好하며 上以事宗廟하고 而
下以繼後世也이니 故로 君子가 重之하나니 是以로 昏禮에 納采
와 問名과 納吉과 納徵과 請期를 皆主人이 筵几於廟하고 而拜迎
於門外하여 入하여 揖讓而升하여 聽命於廟하나니 所以敬愼重正
昏禮也이라.

註 ① 혼의(昏義) : 〈예기(禮記)〉의 편명(篇名). 혼인의 예에 대하여 기
록되어 있음.
② 납채(納采) : 주대(周代) 혼례의 육례(六禮) 가운데 하나. 혼인
을 청하여 신랑 될 사람의 집에서 신부 될 사람의 집에 보내는 물
건. 지금은 납폐(納幣)의 뜻으로 통용됨.
③ 문명(問名) : 육례 가운데 하나. 여자의 생모(生母)의 이름을 묻
는 것.
④ 납길(納吉) : 육례 가운데 하나. 문명 후, 납폐 전에 신랑 될 사
람의 집에서 신부 될 여자의 양부(良否)를 점쳐 상상길(上上吉)의
점괘가 나오면 신부집에 알려 혼인을 정함.
⑤ 납징(納徵) : 육례 가운데 하나. 납길한 후에 정혼한 표적으로 신
랑집에서 신부집에 보내는 예물.
⑥ 청기(請期) : 육례 가운데 하나. 혼인할 때에 신랑집에서 택일하
여 그 가부를 신부집에 물어 보는 것.

공경하며 삼가고 중히 하며 바르게 한 후에 친하게
되는 것이 혼례의 대략이니, 남자와 여자의 구별이 있
는 연후에 부부의 예를 세워야 한다. 그런 후에라야
부부의 바른 의가 있고, 부부의 의가 있고 난 후에라야
아버지와 아들이 친할 수 있으며, 아버지와 아들이 친
한 후에라야 임금과 신하의 바름이 있다. 이런 연유로
「이것이 혼인의 예의 근본이다.」라고 이르는 것이다.

敬愼重正而后에야 親之하나니 禮之大體니 而所以成男女之別
하여 而立夫婦之義也이라. 男女가 有別而後에야 夫婦가 有義하
고 夫婦가 有義而後에야 父子가 有親하고 父子가 有親而後에야
君臣이 有正하나니 故로 曰하되 昏禮者는 禮之本也이라.

〈예기(禮記)〉에 이르기를, 혼인의 예는 만세의 시작
이 되니 다른 성(姓)을 취함은 먼 것을 가까이하고 구
별을 두텁게 하려는 뜻에서이다. 그러므로 모름지기
예물은 정성스레 준비하며, 말은 바른 말이 아니면 고
하지 아니하되 곧고 신실하게 하나니, 신실함은 사람
을 섬기는 것이며, 신실함은 부녀자의 덕이라 할 수
있다. 한번 가지런히 짝을 지은 후에는 죽을 때까지 바
꾸지 못하나니, 설사 남편이 죽더라도 개가하지 않는
다.

남자가 여자를 친히 맞는 예는 여자보다 우선한다는
남자의 강직함과 여자의 유순함을 뜻하는 것이니, 하
늘이 땅보다 우선하고 임금이 신하보다 우선하는 것과
마찬가지 뜻이니라.

폐백을 드릴 때 서로 보는 예는 공경하여 구별이 있
음을 밝히는 바이다. 남녀의 구별이 있는 후에라야 아
버지와 아들이 친하며, 아버지와 아들이 친한 후에는
자연히 의가 생기나니, 의가 생긴 후에야 예가 갖추어
지며, 예가 갖추어진 후에라야 만물이 편안한 것이다.

그러나 구별함이 없고 의가 없음은 바로 짐승의 도리이다.

禮記에 曰하되 夫昏禮는 萬世之始也이니 取於異姓은 所以附遠厚別也이니라. 幣必誠하며 辭無不腆하여 告之以直信하나니 信은 事人也하며 信은 婦德也이니라. 一與之齊하면 終身不改하나니 故로 夫死하여도 不嫁하나니라. 男子가 親迎하여 男先於女는 剛柔之義也이니 天先乎地하며 君先乎臣이 其義一也이라 執摯하여 以相見은 敬章別也이니라. 男女가 有別然後에야 父子가 親하며 父子가 親然後에야 義生하며 義生然後에야 禮作하며 禮作然後에야 萬物이 安하나니 無別無義는 禽獸之道也이라.

왕길(王吉)이 상소하여 아뢰기를, 부부는 인륜의 큰 강령이니 요절과 장수의 조짐인 것이다. 세속이 시집가고 장가드는 것을 지나치게 서둘러서, 사람의 부모 된 도리를 알기 전에 자식을 두게 되니, 이런 연유로 가르침이 밝지 못하여 많은 백성들이 요절하는 것이다.

王吉이 上疏曰하되 夫婦는 人倫大綱이니 夭壽之萌也이라. 世俗이 嫁娶太蚤하여 未知爲人父母之道而有子하나니 是以로 敎化가 不明而民多夭하니라.

문중자(文中子)①가 이르기를, 장가들고 시집갈 때 재물에 대해 의논함은 오랑캐 나라의 도이니, 군자는 결코 그런 고을에 들어가지 아니한다. 옛날에는 남자와

여자들이 각각 덕을 택하였을지언정 재물로써 예를 삼
지는 않았다.

文中子가 曰하되 婚娶而論財는 夷虜之道也이니 君子가 不入
其鄕하나니라. 古者에 男女之族이 各擇德焉이언정 不以財로 爲
禮하더니라.

註 ① 문중자(文中子) : 수(隋)나라의 유학자. 왕통(王通)의 사시(私
諡).

일찍 혼인하며 어려서 장가드는 것은 사람을 경박하
게 하는 것이요, 첩을 수없이 둠은 사람을 어지럽게
하는 것이니, 귀함과 천함에는 차등이 있어서 한 남편
이 한 아내를 거느리는 것은 일반 서인들의 직분이다

早婚少聘은 敎人以偸이요 妾滕無數는 敎人以亂이니 且貴賤이
有等하니 一夫一婦는 庶人之職也이라.

사마 온공(司馬溫公)이 이르기를, 무릇 혼인에 대하
여 의논하되 먼저 그 사위와 며느리의 성품과 행실과
그 집안의 가법이 어떤가를 살피고, 구차하게 부유한
것과 높은 지위만을 사모해서는 안 된다. 사위가 진실
로 어진 사람이라면 지금은 비록 비천할지라도 언젠가
는 틀림없이 부귀를 누릴 수 있지 않겠는가. 또 진실

로 불초하다면 비록 지금은 재산이 풍성할지라도 언젠가는 지금보다 비천하게 되지 않는다고 어찌 장담하겠는가.

 며느리란 한 집안의 성하고 쇠하게 하는 것의 시작이니, 진실로 일시의 부귀를 좇아 혼인하면 그 부귀를 믿고 남편을 경시하며 시부모에게도 오만하게 대하지 않을 사람이 적을 것이니, 교만함과 투기가 자라나 다른 날에 우환이 되어 그 끝을 헤아리기가 힘들 것이다. 며느리의 재물로 인하여 치부하고 며느리의 유세에 힘입어 부귀하게 되더라도 대장부의 기개가 있는 사람이라면 어찌 부끄럽게 여기지 않으리요.

 司馬溫公이 曰하되 凡議婚姻하되 當先察其壻與婦之性行과 及家法이 何如하고 勿苟慕其富貴니라. 壻가 苟賢矣면 今雖貧賤한들 安知異時에 不富貴乎이리요. 苟爲不肖이면 今雖富盛한들 安知異時에 不貧賤乎이리요. 婦者는 家之所由盛衰也이니 苟慕一時之富貴而娶之하면 彼挾其富貴하여 鮮有不輕其夫而傲其舅姑하니 養成驕妬之性하면 異日爲患이 庸有極乎이리요. 借使因婦財하여 以致富하며 依婦勢하여 以取貴한들 苟有丈夫之志氣者한데 能無愧乎아.

 안정 호선생(安定胡先生)[1]이 이르기를, 딸을 시집보내되 반드시 내 집보다 나은 집으로 보낼 것이니, 내 집보다 나으면 딸이 사람의 섬김을 반드시 공경스럽게

하고 조심할 것이다. 또한 며느리를 얻되 반드시 내 집
만 못한 집에서 데려와야 할 것이니, 내 집만 못한 집
에서 데려온 며느리는 시부모를 섬길 때에 반드시 며
느리의 도리를 잘 이행할 것이다.

安定胡先生이 曰하되 嫁女하되 必須勝吾家者이니 勝吾家則女
之事人이 必欽必戒하리라. 娶婦하되 必須不若吾家者이니 不若
五家則婦之事舅姑가 必執婦道하리라.

註 ① 안정 호선생(安定胡先生) : 북송 때의 사람. 이름은 원(瑗), 자
　　는 익지(翼之), 시호는 문소(文昭). 손복(孫復)과 아울러 안정학
　　파를 이룸. 저서에 〈주역구의(周易口義)〉〈홍범구의(洪範口義)〉
　　등이 있음.

〈사혼례(士昏禮)〉①에 이르기를, 아버지는 아들의 혼
례를 치를 때에 술을 따라 주며 명하기를 「너를 평생
토록 도와 줄 사람을 맞이하여 내 뒤를 이어 종묘를
잘 받들되, 돌아가신 네 어머니의 뜻을 공경하여 열심
히 따르게 하여라. 또한 너는 모든 것을 떳떳이 행하
도록 하여라.」
　아들이 대답하기를 「예, 이르신 대로 하겠읍니다. 잘
모시지 못할까 오직 두려울 뿐입니다. 잠시라도 감히
명령을 잊지 않도록 하겠읍니다.」
　아버지가 딸을 보낼 때에는 명하기를 「조심하고 공

경하며 이른 아침부터 깊은 밤까지 시부모의 명을 어기지 않도록 하여라.」어머니가 띠를 매어 주고 수건을 채워 주시며 이르기를「힘써 일하고 공경스럽게 이른 아침부터 깊은 밤까지 집안일을 그릇되게 해선 안된다.」

서모가 문안에 이르러 띠와 주머니를 채워 주며 부모들이 하신 명령을 거듭 이른 후에 또 분부하기를「네 부모님의 말씀을 공경스럽게 듣고, 이른 아침부터 깊은 밤까지 허물이 없도록 차여라.」하고 이른 후에 띠와 주머니를 보라 하셨다

士昏禮에 曰하되 父가 醮子하고 命之曰하되 往迎爾相하여 承我宗事하되 勗帥하여 以敬先妣之嗣하고 若則有常하라. 子가 曰하되 諾이다. 惟恐弗堪이거니와 不敢忘命하리이다. 父가 送女할 때 命之曰하되 戒之敬之하여 夙夜無違命하라. 母가 施衿結帨하고 曰하되 勉之敬之하며 夙夜無違宮事하라. 庶母가 及門內하여 施鞶하고 申之以父母之命하고 命之曰하되 敬恭聽宗爾父母之言하여 夙夜無愆하라 하고 視諸衿鞶하나니라.

註 ① 사혼례(士昏禮) : 〈의례(儀禮)〉의 편명(篇名). 혼인에 대한 예가 기록되어 있음.

공자가 이르기를, 여자는 사람 앞에 엎드려 공손하게 처신해야 하니, 이런 연유로 자기 생각대로 행동하

지 않으며, 세 가지의 따라야 할 도가 있다.

친정에 있을 때에는 아버지의 뜻을 따르고, 시집에 가서는 남편의 뜻을 따르며, 남편이 죽은 후에는 아들의 뜻을 따라 잠시라도 감히 스스로 처리해서는 안 된다.

가르치는 소리를 규문 밖으로 나가게 하지 않으며, 받드는 일은 밥먹는 동안에도 계속해야 한다. 이런 연유로 여자는 규문 안에서 날이 저물고 백리 밖이면 거친 상을 입어도 갈 수가 없다. 또한 일은 독단으로 처리하지 않고, 행동은 혼자 이루지 않으며, 상세히 알아본 후에야 움직이고, 가히 체험하고 난 후에야 행하며, 낮에는 뜰에서 노닐지 말고, 밤에 다닐 때에는 불을 밝혀야 하니, 이것이 여자의 덕을 바르게 함이다.

또 여자에게는 다섯 가지의 취해서는 안 될 것이 있으니, 즉 반역자 집안의 아들을 취하지 말며, 어지러운 집안의 아들을 취하지 말고, 집안에서 형벌을 받은 사람이 있으면 취하지 말며, 집안에 몹쓸 병이 있어도 취하지 말고, 아버지가 돌아가신 집안의 맏아들은 취하지 말아야 한다.

여자는 일곱 가지의 버림을 받는 경우가 있으니, 부모에게 순종하지 않으면 버림받고, 아들을 낳지 못하면 버림받으며, 음란하면 버림받고, 질투하면 버림받는다. 또한 몹쓸 병이 있어도 버림받으며, 말을 많이 하여도 버림받고, 도벽이 있으면 버림받는다.

그렇지만 세 가지 내쫓을 수 없는 경우가 있으니, 행실에 취할 만한 것이 있고, 돌아갈 곳이 없으면 내쫓지 못하며, 더불어 부모의 삼년상을 치른 경우에는 내쫓지 못하고, 전에는 빈천하게 살다가 부귀하게 되었다면 또한 내쫓지 못한다. 이는 무릇 성인이 남녀의 사귐을 순하게 하며, 혼인의 시작을 중히 여기게 하도록 한 것이다.

孔子가 曰하시되 婦人은 伏於人也이니 是故로 無專制之義하고 有三從之道하니 在家해서는 從父하고 適人하여서는 從夫하고 夫死하거든 從子하여 無所敢自遂也이니라. 敎令을 不出閨門하며 事在饋食之閒而已矣니라. 是故로 女는 及日乎閨門之內하고 不百里而犇喪하며 事無擅爲하며 行無獨成하며 叅知而後에 動하며 可驗而後에 言하며 晝不遊庭하며 夜行以火이니 所以正婦德也이니라. 女가 有五不取하니 逆家子를 不取하며 亂家子를 不取하며 世有刑人이거든 不取하며 世有惡疾이거든 不取하며 喪父長子를 不取이니라. 婦가 有七去하니 不順父母이거든 去하며 無子하거든 去하며 淫하거든 去하며 妬하거든 去하며 有惡疾이거든 去하며 多言하거든 去하며 竊盜하거든 去이니라. 有三不去하니 有所取이오. 無所歸이거든 不去하며 與更三年喪이거든 不去하며 前貧賤하고 後富貴이거든 不去이니라. 凡此는 聖人이 所以順男女之際하시며 重婚姻之始也이시니라.

제 2 권

제 4 부부장(夫婦章)

제 4 부부장(夫婦章)

〈여교(女敎)〉에 이르기를, 아내가 비록 남편과 대등한 위치에 있다고 하나 남편은 아내의 하늘인지라, 아내는 마땅히 예로써 공경하여 섬기되 아버지를 대하듯 해야 한다. 몸을 낮추고 뜻을 나직이 하며, 거짓으로 존대하지 말고, 오로지 순종할 뿐 감히 그 뜻을 거스르지 않도록 해야 한다.

가르치고 경계함을 듣되 성인들의 글귀를 듣는 것같이 하며, 몸을 보배롭게 여기되 구슬을 다루는 것같이 하고, 조심스럽게 스스로를 지키며 감히 방자하게 굴어서는 안 되는 것이니, 감히 무엇을 믿고 의지할 수 있을 것인가.

남편에게 허물이 있을 때에는 그 곡절에 대하여 간

하고, 이해(利害)를 펴 가면서 말하되 온화한 안색과 순한 말씨를 사용해야 한다. 만약 남편이 크게 화를 내거든 잠시 후에 다시 간하며, 비록 대나무로 만든 채찍으로 맞는다 하더라도 어찌 원망할 수 있을 것인가.

남편의 직분은 당연히 존중해야 하며, 아내는 낮추어야만 한다. 혹 때리고 혹 꾸짖는 일이 있다 하더라도 당연한 것으로 받들어야 하며, 감히 말대답을 한다든가 성을 내어서는 안 된다. 적(籍)을 두고 함께 살며 늙어 갈 것이다. 하루가 생의 전부는 아닌 것이다. 아무리 사소한 일이라도 반드시 알려야 한다. 어찌 함부로 할 수 있을 것인가. 혼자 멋대로 하는 것은 사람의 할 도리가 아닌 것이다.

남편의 허물을 친정 부모에게 말하지 말지니, 이는 단지 부모를 염려시킬 뿐으로, 이야기를 한다 해서 무슨 보탬이 되겠는가. 시집가면 '돌아갔다'고 하는 것은 생사를 이미 그것으로써 정한 것이기 때문이다. 만일 더 이상 시집의 허물에 대해 이야기한다면 그것은 우마만도 못한 짓이다.

한 집안을 일으키고자 하는 데에 이르는 것은 화합과 순함이니 무엇으로 이에 이를 수 있을 것인가. 역시 공경함에 있는 것이다.

女教에 云하되 妻雖云齊나 夫乃婦天이라. 禮當敬事하되 如其
父焉이니 卑躬下意하며 毋妄尊大하며 唯知順從이오. 不敢違背
니 聽其敎戒하되 如聞聖經하며 寶其身體하되 若珠與瓊하여 戰
兢自守이니 敢曰縱肆아 已尚不有이거니 何物을 敢恃리요. 夫苟
有過이거든 委曲諫之하되 陳說利害하여 和容婉辭이니 夫若盛怒
이거든 悅則復諫하여 雖被箠鞭이라도 安敢怨恨이리요. 夫職은
當尊하고 而妻는 爲卑라. 或毆或詈乃分之宜니 我焉敢咎이며 我
焉敢怒이리요. 籍以偕老이라. 匪一日故이니라. 纖毫之事를 必當
禀聞이니 豈敢自專이리요. 專則非人이니라. 夫家有失을 勿告父
母이니 徒貽親憂이라 告亦何補이리요. 嫁旣曰歸하여는 死生以
之니 若是紛紜이면 馬牛不如이니라. 欲家之興인댄 曰和與順이
니 何以致斯오. 又在乎敬이니라.

부부의 도는 음과 양에 서로 잘 맞으며, 신명에 통
하여 있으니 진실로 하늘과 땅처럼 넓고 큰 뜻이며 인
륜의 큰 마디라 할 수 있다. 이런 연유로 〈예기(禮記)〉
에서는 남녀의 사귐을 귀하게 여기었고, 〈시경(詩經)〉
에서도 〈관저(關雎)〉①의 의를 나타내고 있으니, 이로
미루어 보건대 실로 중히 여겨야 하는 것이다.

남편이 어질지 못하면 아내를 거느릴 수 없고, 아내
가 어질지 못하면 남편을 섬길 수 없다. 남편이 아내
를 거느리지 못하면 위의가 없어지고, 아내가 남편을
섬기지 못하면 의리가 무너지니, 이 두 가지는 가지런
한 것으로 그 쓰임이 하나이다.

요즘의 군자들을 살펴보건대, 단지 아내를 거느리지

못하면 안 되는 것과, 위의가 없어지면 안 되는 것에
대해서만 알고 있다. 이런 연유로 남자에게만 글을 가
르쳐 몸을 가지런히 하고, 여자가 남편을 섬기지 못하
면 안 되는 것과 예의를 갖추지 않으면 안 되는 것에
대해서는 모르고 있다. 이처럼 오직 남자에게만 글을
가르칠 뿐 여자는 가르치지 아니함은 역시 피차의 헤
아림이 없기 때문이다.

〈예기〉에도 8세가 되면 비로소 글을 가르치고, 15
세가 되면 학문에 뜻을 둔다고 했으니, 유독 혼자 이
를 좇으려 하지 않아도 된단 말인가.

夫婦之道는 參配陰陽하며 通達神明하니 信夫地之弘義며 人倫
之大節也이라. 是以로 禮貴男女之際하고 詩著關雎之義하니 由
斯言之컨대 不可不重也이라. 夫不賢則無以御婦이오. 婦不賢則
無以事夫이며 夫不御婦하면 則威儀廢壞하고 婦不事夫하면 則義
理墮闕하리니 方斯二者컨대 其用이 一也이라. 察今之君子한대
徒知妻婦之不可不御와 威儀之不可不整할 때 故로 訓其男하여 檢
以書傳하고 殊不知夫主之不可不事와 禮義之不可不存也하여 但
敎男而不敎女하나니 亦蔽於彼此之數乎인데 禮에 八歲에 始敎之
書하고 十五而志於學矣나니 獨不可依此하여 以爲則哉아.

📇 ① 관저(關雎) : 〈시경(詩經)〉의 관저편(關雎篇)을 일컬음. 성덕이
   높은 문왕(文王)과 어진 후비(后妃) 사(姒)씨의 화락한 금슬을 읊
   은 시. 왕의 금슬이 좋은 은덕은 자연히 아랫사람에게까지도 영향
   을 미친다 하여 관저지화(關雎之化)라는 말을 쓰기도 함.

음과 양이 성질이 다르고 남녀의 행적이 다르니, 양은 강건함으로 덕을 삼고 음은 부드러움으로 용(用)을 삼아, 남자는 강하면서도 귀하고 여자는 약하면서도 아름다운 것이다. 그러므로 세속에 전하기를 「아들은 이리같이 낳아도 도리어 질약할까 두렵고, 딸은 쥐같이 낳아도 도리어 범처럼 사나울까 두렵다.」고 하였다.

그러한즉 몸을 닦는 데 있어서 공경하는 것보다 나은 것이 없고, 강한 것을 피하는 데 있어서 순한 것보다 나은 것이 없으므로, 공경함과 순함의 도는 아내의 큰 예의인 것이다.

무릇 공경함이란 다름 아니라 바로 오래 견디는 것을 이르며, 순함이란 다름 아니라 바로 관대하고 여유있는 것을 이름이니, 오래 견딘다는 것은 족함을 아는 것이고, 관대하고 여유있다는 것은 온공하게 나직함을 숭상하는 것이다.

부부는 의좋게 목숨이 다할 때까지 서로 떨어짐이 없이 방안에서 맴돌며 지내므로, 결국 스스럼없이 대하면 말이 지나치게 되고, 말이 지나치면 반드시 행동이 방자해지며, 행동이 방자해지면 남편을 업신여기는 마음이 생기게 되나니, 이는 바로 족함을 알지 못한 탓이다.

무릇 일에는 완만한 것과 곧은 것이 있으며, 말에는

옳고 그른 것이 있으니, 곧은 사람은 다툴 수밖에 없고 굽은 사람은 밝힐 수밖에 없는바, 다투고 밝히는 일을 하다 보면 노하는 일이 생기게 된다. 이는 온공하게 나직한 것을 숭상하지 아니한 탓이다.

　남편 업신여기는 것을 절제하지 못하면 꾸짖음이 뒤따르고, 노함이 그치지 않으며 매질이 뒤따르게 되니, 부부는 의로 화친하고 은혜로써 화합해야 하는 것이거늘, 행해진 후에는 무슨 의가 있겠으며, 꾸짖음이 가해진 후에는 무슨 은혜로움이 있겠는가. 은혜와 의가 다 없어지면 부부는 이별할 수밖에 없는 것이다.

　陰陽이 殊性하고 男女가 異行하니 陽은 以剛爲德하고 陰은 以柔爲用하며 男은 以强爲貴하고 女는 以弱爲美하나니 故로 鄙諺에 有云하되 生男如狼이라도 猶恐其尫이오. 生女如鼠이라도 猶恐其虎이라 하니 然則修身이 莫若敬하고 避强이 莫若順하니 故로 曰하되 敬順之道는 婦人之大禮也이라. 夫敬은 非他라 持久之謂也이오. 夫順은 非他라 寬裕之謂也이니 持久者는 知止足也이오. 寬裕者는 尙恭下也이라. 夫婦之好가 終身不離하여 房室에 周旋하여 遂生媟黷하나니 媟黷이 旣生하면 語言이 過矣며 語言이 旣過하면 縱恣가 必作하며 縱恣가 旣作하면 則侮夫之心이 生矣나니 此由於不知止足者也이라. 夫事有曲直하며 言有是非하니 直者는 不能不爭이요 曲者는 不能不訟이 訟爭을 旣施하면 則有忿怒之事矣나니 此가 由於不尙恭不者也이라. 侮夫不節하면 譴呵가 從之하고 忿怒不止하면 楚撻이 從之하나니 夫爲夫婦者가 義以和親이요 恩以好合이거늘 楚撻이 旣行하면 何義之

有이며 譴呵가 旣宣하면 何恩之有이리요. 恩義俱廢하면 夫婦가 離矣나니라.

무릇 남자는 다시 장가든다는 법이 있으나, 여자는 다시 시집간다는 기록이 없다. 그러므로 남편은 하늘이다. 하늘은 본래 도망칠 수 없는 것이니, 따라서 남편도 떠날 수 없는 것이다.

행실이 신의 뜻에 어긋나면 하늘이 이를 벌하고, 예의가 허물어지면 남편이 박대한다. 그러므로 〈여헌(女憲)〉에 이르기를 「한 사람에게서 뜻을 얻으면 그것으로 영원히 마침이요, 한 사람에게서 뜻을 잃어도 그것으로 영원히 마치는 것이다.」하였다. 이것으로 미루어 보건대 반드시 그 뜻을 얻어야만 하지만, 그 얻으려는 방법이 아첨하고 교태스러우며, 구차하게 친한 척하는 것을 이름은 아니다. 마음을 올바르게 하고 안색을 바르게 하며, 예의를 고루 갖추어야 한다.

따라서 더러운 일에 대하여 듣지 말고, 사악한 것을 보지 말며, 지나치게 모양을 내지 말고, 들어와서도 조금은 자신을 꾸미며, 무리를 짓지 말고, 문 밖을 엿보지 말지니, 이는 곧 마음을 하나로 하고 얼굴빛을 바르게 하는 것이다.

무릇 움직임과 멈춤이 가볍고, 보고 듣는 것이 일정하지 않으며, 들어와서는 머리를 흐트러뜨려 모양 없이 하고, 나갈 때에는 곱게 치장하며, 말을 함부로 하고, 보아서는 안 될 것을 볼 때, 이는 마음이 온전치 못한 것이며, 얼굴빛이 바르지 못한 것이다.

夫有再娶之義하고 婦無二適之文하니 故로 曰하되 夫者는 天也이니 天固不可逃이오 夫固不可離也이라. 行違神祇하면 天則罰之시고 禮義有愆하면 夫則薄之하리니 故로 女憲에 曰하되 得意一人이면 是謂永畢이요 失意一人이면 是謂永訖이라 하니 由斯言之컨대 不可不求其心이니 然이나 所求者가 亦非謂佞媚苟親也이라. 固莫若專心正色하여 禮義俱絜하여 耳無塗聽하며 目無邪視하며 出無治容하며 入無廢飾하며 無聚會群輩하며 無看視門戶이니 此則謂專心正色矣라. 若夫動靜이 輕脫하며 視聽이 陜輸하며 入則亂髮壞形하고 出則窈窕作態하며 說所不當道하며 觀所不當視할 때 此謂不能專心正色矣라.

무릇 한 사람에게서 뜻을 얻으면 그것은 영원한 마침을 이르는 것이고, 한 사람에게서 뜻을 잃어도 영원히 그만둠을 이르는 것이다. 이것은 사람에게 뜻을 일정히 하고 온 마음을 다하여 정성껏 대하라는 말이다.

시부모의 마음을 잃게 해서야 되겠는가. 사물은 은혜를 가지고 있을지라도 스스로 떠나가는 것이 있으며 의를 가지고 있을지라도 스스로 깨어지는 것이 있으니, 남편이 비록 사랑하고 있으나 시부모가 안 된다고 말하면 이는 의가 스스로 깨어진 것이다. 그러니 시부모의 마음을 어찌할 것인가. 진실로 자신을 굽혀서 좇음이 없는 탓이다.

시부모가 너는 옳다고 생각하는 것을 그르다고 할지라도 마땅히 그 명령을 좇아야 하며, 시부모가 너는 그릇되게 생각하는 일을 옳다고 할지라도 오직 그 명령에 순종할 뿐이다. 옳고 그름을 따져 뜻을 거스르면 안 되며, 곡직(曲直)을 따지지도 말지니, 이것이 곧 굽혀서 뜻을 좇는 것이라 할 수 있다. 그러므로 〈여헌〉에 이르기를 「며느리의 행함이 그림자가 형상을 좇고, 울림이 소리에 응하는 것 같다면 어찌 칭찬하지 않을 것인가.」라고 하였다.

夫得意一人이면 是謂永畢이요 失意一人이면 是謂永訖이라 하니 欲人이 定志專心之言也라. 舅姑之心을 豈當可失哉리요. 物이 有以恩으로 自離者하며 亦有以義로 自破者也하니 夫雖云愛나 舅姑가 云非하면 此가 所謂義自破者也라. 然則舅姑之心을 奈何오 固莫尙於曲從矣니라. 姑云이 不爾而是면 固宜從今이요. 姑云이 爾而非라도 猶宜順命이니 勿得違戾是非하며 爭分曲直이니 此則所謂曲從矣라. 故로 女憲에 曰하되 婦가 如影響이면 不可賞이리요 하니라.

〈방씨 여교(方氏女敎)〉에 이르기를, 온갖 일의 생겨남은 대부분 부인들로부터 비롯되나니, 모질게 투기하고 독하게 성내는 마음이 커지면 집안을 허물어뜨리고 비록 작을지라도 몸을 망치게 된다. 눈을 들어 살펴보건대 세상의 풍조에 휩쓸려서 따라가는 모양이 다 그러하다.

오직 관대하고 한쪽으로 치우침이 없는 것이 이른바 덕을 지닌 것이니, 그렇게 되면 당연히 집안은 저절로 화락해지는 것이다. 또한 늦음과 빠름을 잘 살피고, 이를 조종하여 합리적으로 하며, 너무 관대하여 해이하게 해서는 안 된다.

종이나 시비에 대해서도 당연히 인으로 다스려야 한다. 이는 네 집 여자를 네가 사랑함이니, 어찌 저들만 홀로 사람이 아닐 수 있겠는가. 스스로 깨우치게 한다면 다른 모든 일은 가히 볼 수 있을지니, 사람의 마음이 능히 염려를 하지 않을 수 있겠는가. 배고프고 추운 것을 염려해 주며, 힘들고 편한 것을 균등하게 해주며, 아주 부득이한 경우에만 비로소 꾸짖어야 한다. 그 밖의 일은 쉬운 일이라 할 수 있거니와 아내 되는 것이 가장 힘든 일이다. 즉, 아내 노릇 하기가 제일 힘든 일이니 가히 노력하지 않으면 안 될 것이다.

方氏女敎에 云하되 百事之生이 多自婦人하나니 旣悍而妬하고 復毒而嗔하면 大則破家하고 小則亡己하리니 擧目而觀컨대 滔滔 皆是하니라. 唯寬與慈와 及無偏頗가 此가 謂德懷니 家當自和하 리라. 視其緩急하여 操縱을 合理하며 又毋太寬하여 以至懈弛니 라. 至於婢媵하여 當推以仁이니 汝女를 汝愛하나니 彼獨非人가

以己取譬하면 衆事를 可見이니 有人心者가 能不興念가 輟其飢
寒하며 均其勞逸하여 甚不得已하여 始加詞詰이니라. 他事는 或
易거니와 爲婦가 最難하니 可不勉㫋가.

〈안씨 가훈(顏氏家訓)〉①에 이르기를, 아내는 주로 음
식을 만드는 일에 중점을 두어야 한다. 오직 술이며 음
식이며 의복의 예만을 일삼을지언정 나라의 정사에 참
여함이 옳지 않으며, 집안의 일을 처리함이 옳지 않은
것이다. 만약 총명하고 재주와 지혜가 있어서 고금의
지식에 통달하였다 할지라도, 이치에 합당하게 군자를
도와 부족함을 보충할지언정 결코 암탉이 아침에 울어
화를 불러일으켜서는 안 된다.

顏氏家訓에 曰하되 婦는 主中饋라 唯事酒食衣服之禮耳언정 國
에 不可使預政이며 家에 不可使幹蠱이나 如有聰明才智하여 識
達古今이라도 正當輔佐君子하여 勸其不足이언정 必無牝雞晨鳴
하여 以致禍也이니라.

註 ① 안씨 가훈(顏氏家訓) : 북제(北齊) 사람 안지추(顏之推)가 저술
한 책. 입신치가(立身治家)의 법을 기술하고 세속의 잘못된 점을
지적하는 등 자손들에 대한 훈계를 목적으로 썼음.

정태중(程太中)의 부인 후(侯)씨는 시부모를 섬기되
효도하며 삼감으로써 칭찬을 받았으며, 태중과 서로 대

접함을 마치 손님같이 하였다. 태중은 내조에 힘입어 예의와 공경이 더욱 지극하였고, 부인은 겸손함과 순종함으로 몸을 다스려, 비록 사소한 일이라 할지라도 함부로 행하지 않고 반드시 여쭈어 본 후에야 행하였다. 이 부인은 바로 이정(二程)① 선생의 어머님이다.

程太中夫人侯氏가 事舅姑하되 以孝謹으로 稱하며 與太中으로 相待如賓客하더니 太中이 賴其內助하여 禮敬이 尤至거든 而夫人이 謙順自牧하여 雖小事이라도 未嘗專하여 必稟而後에야 行하더라. 夫人者는 二程先生之母也이라.

註 ① 이정(二程) : 북송 때의 대유(大儒)인 정호(程顥)와 정이(程頤) 형제를 말함. 형 정호의 자는 백순(伯淳), 호는 명도(明道). 동생 정이의 자는 정숙(正淑), 호는 이천(伊川). 형제가 모두 주돈이(周敦頤)의 문인. 우주의 본성과 사람의 성이 본래는 동일한 것이라 주장함. 이들을 존칭하여 이정자(二程子)라 불렀음.

여형공(呂滎公)①의 부인인 선원(仙源)이 일찌기 이르기를, 시강(侍講)②과 부부가 되어 서로 어울려 60년을 살면서 단 하루도 화를 내고 얼굴을 붉힌 것을 보자 못했다. 젊어서부터 늙을 때까지 비록 잠자리에서라도 희롱하거나 웃은 적이 없었다. 형양공(滎陽公)의 몸가짐이 이러하면서도 매번 범내한(范內翰)③을 찬탄하며 자신은 그에 미치지 못한다고 하였다.

呂滎公夫人仙源이 嘗言하되 與侍講으로 爲夫婦하여 相處六十
年에 未嘗一日도 有面赤하며 自少로 至老히 雖衽席之上이라도
未嘗戲笑라 하니 滎陽公이 處身이 如此하되 而每歎范內翰하
여 以爲不可及이라 하더라.

圖 ① 여형공(呂滎公) : 북송 때의 사람. 이름은 희철(希哲). 형양군공
   (滎陽郡公)에 봉하여졌으므로 형양공이라고도 부름.
  ② 시강(侍講) : 임금 또는 동궁(東宮) 앞에서 경서(經書) 등을 강
   의하는 벼슬. 시독(侍讀).
  ③ 범내한(范內翰) : 송대의 한림학사(翰林學士). 이름은 충(沖), 자
   는 원장(元長). 신종(神宗)·철종(哲宗)의 실록을 중수하였으며,
   고종(高宗)은 〈좌씨춘추〉를 공부하기 위해 충을 강관(講官)으로
   발탁하고 한림학사를 제수함. 내한(內翰)은 송대 한림학사의 별칭.

번희(樊姬)는 초나라 장왕(莊王)의 부인이다. 왕이 즉
위하여 사냥을 즐기므로 번희가 간하였지만 듣지 않았
다. 그러자 번희는 짐승의 고기를 입에 대지 않았으
며, 그제야 왕이 마음을 돌려서 정사를 부지런히 돌보
았다.

왕이 조회를 늦게 파하자, 희(姬)가 전(殿) 아래로 내
려가 맞이하면서 말하기를 「어찌 늦게야 파하십니까?
시장하고 피곤하지 않으셨는지요?」

왕이 말하기를 「현명한 사람과 함께 이야기를 나누
다 보니 배고픔과 피곤함을 느낄 수 없었소.」

희가 말하기를 「왕께서 현명한 사람이라 이르는 이

는 누구입니까?」

왕이 말하기를「우구자(虞丘子)를 말함이오.」

회가 입을 가리고 웃자 왕이 묻기를「회는 어찌하여 웃는 것이오?」

회가 말하기를「우구자는 현명한 사람일지언정 충성스러운 사람은 아니라고 생각됩니다.」

왕이 말하기를「그 까닭이 무엇이오?」

대답하기를「제가 수건과 빗을 잡아 임금의 시중을 든 지도 11 년이 되는데, 그 동안 정(鄭)나라와 위(衛)나라에 사람을 보내 미인들을 구하게 하여 임금께 바쳤습니다. 그리하여 이제 저보다 어진 사람이 둘이며, 저와 같은 사람이 일곱입니다. 저라고 어찌 임금의 총애를 차지하고 싶지 않겠습니까만, 듣는 바에 의하면 집안에 여자를 여럿 둠은 사람의 능력을 가늠할 수 있다고 합니다. 그러므로 제 개인의 생각으로 공적인 것을 폐할 수가 없으므로, 임금으로 하여금 많이 보시고 사람의 능력을 판단하게 하고자 함입니다. 이제 우구자가 10여 년 동안 초나라를 도왔지만, 천거하는 사람은 모두 제 자식과 집안의 형제뿐이었습니다. 어진 이를 들이고 불초한 이를 퇴했다는 말을 아직 듣지 못했으니, 이는 바로 임금을 가리고 어진 이의 길을 막는 것이 아닙니까. 어진 이를 알면서도 들이지 않았다면

이는 충성되지 못함이요, 또한 어진 이를 알지 못하였
다면 이는 지혜롭지 못함이니, 과연 제가 웃는 것이
옳지 않습니까?」하였다.

　장왕은 심히 기뻐하였다. 그리고는 다음날 번희의 말
을 우구자에게 전하자, 구자는 대답할 바를 알지 못해
자리를 피해 버렸다. 이후 제 집에 숨어서 심부름꾼을
시켜 손숙오(孫叔敖)①를 맞아 나아가거늘, 왕이 그를 영
윤(令尹)②으로 삼았다. 그리고 초나라를 다스린 지 3
년 만에 장왕은 패주가 되니, 초나라의 사관이 글로
적기를「장왕이 패주가 된 것은 번희의 힘이었다.」고
하였다.

　樊姬는 楚莊王之夫人也이시니라. 莊王이 即位하시어 好狩獵
이시거늘 樊姬가 諫하시니 不止거시늘 乃不食禽獸之肉하신대 王
이 改過하시어 勤於政事하시니라. 王이 嘗聽朝罷晏이시거늘 姬
下殿迎曰하시되 何罷晏也이잇고 得無飢倦乎이잇가. 王曰하시되
與賢者로 語이라 不知飢倦也하라. 姬曰하시되 王之所謂賢者는
何也이잇고 曰하시되 虞丘子也이라. 姬掩而口笑하신대 王曰하
시되 姬之所笑는 何也오. 曰하시되 虞丘子가 賢則賢矣거니와 未
忠也이니이다. 王曰하시되 何謂也와 對曰하시되 妾이 執巾櫛이
十一年이니 遣人之鄭衛하여 求美人하여 進於王하니 今에 賢於
妾者가 二人이오 同列者가 七人이니 妾은 豈不欲擅王之寵愛哉
리잇고마는 妾은 聞堂上兼女는 所以觀人能也이라 하니 妾이 不
能以私로 蔽公하여 欲王으로 多見하여 知人能也하이다. 今에
虞丘子가 相楚가 十餘年이니 所薦이 非子弟면 則族昆弟오. 未

聞進賢退不肖하니 是는 蔽君而塞賢路이니 知賢不進이면 是는 不
忠이오 不知其賢이면 是는 不知也이니 妾之所笑가 不亦可乎이
잇가. 王이 悅하시어 明日에 以姬言으로 告虞丘子하신대 丘子
가 避席하여 不知所對하니라. 於是에 避舍하고 使人으로 迎孫
叔敖而進之하거늘 王이 以爲令尹하시어 治楚三年에 而莊王이 以
覇하시니 楚史가 書曰하되 莊王之覇는 樊姬之力也이라 하니라.

註 ① 손숙오(孫叔敖) : 초나라 장왕을 도와 패업을 성공시켰던 재상.
　　손숙은 복성, 오는 이름이라고 하여 그냥 손숙이라고 부르기도 함.
　　또 위가(蔿賈)의 아들로서 위오(蔿敖)라 부른다는 설도 있음. 또
　　다른 이름으로 애렵(艾獵)이 있음.
　② 영윤(令尹) : 초나라의 관명(官名). 상경(上卿).

　　소월희(昭越姬)는 월왕(越王) 구천(句踐)①의 딸이요,
초나라 소왕(昭王)의 아내이다. 소왕이 노닐 때, 채희
(蔡姬)는 왼쪽에 있고 월희(越姬)는 오른쪽에 있었다.
왕은 친히 사마(駟馬)②를 타고 단숨에 달려가서는 부사
(附社)③에 있는 언덕에 올라 운몽(雲夢)④의 동산을 두
루 살피던 중 사대부들이 뒤따라 달려오는 것을 보고
심히 기뻐하였다. 그리고 두 아내를 돌아보며 묻기를
「즐거우냐?」

　　채희가 대답하기를 「예, 즐겁습니다.」

　　왕이 말하기를 「내 그대와 더불어 살아서도 이같이
하고 죽어서도 이같이 하길 원하노라.」

　　채희가 말하기를 「옛날에 제가 살던 나라의 임금이

백성의 심부름꾼으로 군왕의 말발을 섬겼읍니다. 저 역시 천한 종의 몸임에도 불구하고 포저(苞苴)와 진귀한 노리개를 주시고, 이제 여러 비빈(妃嬪)과 같은 대우를 해 주시니, 진실로 살아서 함께 즐기고 죽음도 함께 하길 원합니다.」하였다.

왕이 사관을 돌아보며 이르기를「적어라. 채희가 고독한 나를 좇아서 죽으려 한다.」하였다. 그리고 월희에게도 똑같이 물었다.

월희가 대답하기를「즐겁긴 합니다만, 오래 계속하진 못할 것이옵니다.」

왕이 말하기를「내 그대와 더불어 살아서도 이같이 하고 죽어서도 이같이 하길 원하노라. 나와 뜻을 함께 할 수 없겠느냐?」

월희가 대답하기를「옛날 저희 나라 임금인 장왕은 음락에 빠져서 3년 동안 정사를 소홀히 하였으나 끝내 고치시어 천하의 패주가 되었읍니다. 저는 군왕께서도 능히 그를 본받아 장차 이 즐거움을 버리고 정사에 전념하길 바라건만 이제 천한 저희들과 죽음을 기약하려 하시니, 어찌 제가 그 뜻을 따르겠읍니까? 군왕께서 속백(束帛)⑥과 네 필의 말로 천한 저를 저희 고을에서 취하실 때, 저희 임금이 태묘(太廟)에 가서 명을 받으시되 죽음을 약속한 적은 없었읍니다. 또 저는 집안 아주머니들로부터 부인이 죽음으로써 임금의 어진 것을 나타내게 하며 임금의 총애를 더하게 한다는 말은 들었으나, 구차하게 그 드러나지 않는 죽음을 좇음으로써 영예롭게 여긴다는 말은 들은 적이 없읍니다. 저는 감히 명령에 따를 수가 없읍니다.」하였다.

그런즉 왕은 깨닫고 월희의 말을 공경하였으나, 오히려 채희를 더 가까이하였다.

그로부터 25 년을 살다가, 왕이 진(陳)나라를 구하러 갈 때 두 아내가 함께 가게 되었는데, 왕이 진영 안에서 병이 났다. 그때 붉은 구름이 해를 가렸는데 그것이 마치 나는 새와 같았다. 왕이 주(周)나라 사관에게 묻자 사관이 대답하기를 「이것은 왕의 몸에 해(害)가 있을 징조이지만, 장군이나 재상에게로 옮길 수 있는 것입니다.」하였다.

장군과 재상이 이 말을 듣고 자신들의 몸으로써 귀신에게 빌기를 청하였으나 왕이 말하기를 「장군과 재상들은 내게 있어서 팔다리와 마찬가지요. 이제 비록 재앙을 옮긴다 해도 어찌 나의 몸에서 없앤 것이라 할 수 있겠는가.」하고 거절하였다.

월희가 말하기를 「참으로 크시도다, 군왕의 덕이여! 이로 인하여 제가 왕을 따르고자 합니다. 옛날의 놀이는 음란한 즐거움이었고, 그런 연유로 감히 허락할 수

없었읍니다. 이제 군왕께서는 다시 옛날로 돌아가시옵
소서. 온 나라 백성들이 모두 군왕을 위하여 죽고자
하는데, 하물며 아내 된 몸으로 어찌 마다겠읍니까.
청하건대 제가 먼저 가서 호리(狐狸)[7]를 지하로 쫓도록
허락해 주십시오.」하였다.

왕이 말하기를 「옛날에 놀며 즐기던 때에 한 말은 농
담이었을 뿐인데 그대가 굳이 죽고자 한다면, 이는 나
의 부덕을 나타냄이 아니겠는가.」

월희가 말하기를 「옛날에 제가 비록 입밖에 내지는
않았지만 마음속으로는 이미 허락한 일입니다. 제가
들은 바에 의하면 진실한 사람은 그 마음을 저버리지
않고, 의로운 사람은 그 일을 헛되이 세우지 않는다고
합니다. 저는 임금의 의로움 때문에 죽는 것이지, 결
코 임금의 즐거움을 위하여 죽는 것이 아닙니다.」하
고는 끝내 스스로 목숨을 끊었다.

왕의 병세가 무거워지자 세 아우에게 왕위를 물려주
려 했으나 세 아우는 한사코 듣지 않았다. 왕이 군중
에서 돌아가셨으되 채희는 끝내 함께 죽지 못하였다.
왕의 아우 여(閭)가 자서(子西)와 자기(子期)와 더불어
의논하기를 「어머니가 신뢰할 수 있는 사람이라면 그
아들 또한 틀림없이 어질 것이다.」하고는 군사를 굴
복시켜 군영의 문을 닫고, 월희의 아들 웅장(熊章)을

왕으로 옹립하니, 이가 바로 혜왕(惠王)이다. 그런 후
에야 군사를 파하고 돌아와 소왕의 장사를 치렀다.

昭越姬者는 越王句踐之女요 楚昭王之姬也이시니라. 昭王이
燕遊이시더니 蔡姬는 在左하고 越姬는 參右이시거늘 王이 親乘
馴하시어 以馳逐하시고 遂登附社之臺하시어 以望雲夢之囿하시
어 觀士大夫가 逐者하시고 旣驪하시어 乃顧二姬曰하시되 樂乎
아. 蔡姬對曰하되 樂하니이다. 王曰하시되 吾가 願與子로 生若
此하고 死又若此하는다. 蔡姬曰하되 昔에 敝邑寡君이 固以其黎
民之役으로 事君王之馬足이라. 故로 以婢子之身으로 爲苞苴玩
好하시거늘 今乃比於妃嬙하시니 固願生俱樂하고 死同時하나이
다. 王이 顧謂史하시어 書之하라. 蔡姬許從孤하여 死矣로다.
乃復謂越姬하신대 越姬對曰하시되 樂則樂矣거니와 然이나 不可
久也이니이다. 王曰하시되 吾가 願與子로 生若此하고 死若此하
나니 其不可得乎아. 越姬對曰하시되 昔에 吾先君莊王이 淫樂하
시어 三年을 不聽政事하시더니 終而能改하시어 卒覇天下하시니
妾이 以君王이 爲能法吾先君하시어 將改斯樂而勤於政也이시리
라 하더니 今則不然하시고 而要婢子以死하시나니 其可得乎이잇
가. 且君王이 以束帛乘馬로 取婢子於敝邑이시거늘 寡君이 受之
太廟也하시되 不約死하시니 妾은 聞之諸姑하니 婦人이 以死로
彰君之善하며 益君之寵이요 不聞其以苟從其闇死로 爲榮이라 하
니 妾은 不敢聞命이로소이다. 於是에 王이 寤하시어 敬越姬之
言하시되 而猶親嬖蔡姬也이시더니 居二十五年이 王이 救陳하실
때 二姬從이시더니 王이 病在軍中이시거늘 有赤雲이 夾日하여
如飛鳥이거늘 王이 問周史하신대 史가 曰하되 是害王身이니 然
이나 可以移於將相이니이다. 將相이 聞之하고 將請以身으로 禱
於神이거늘 王曰하시되 將相之於孤에 猶股肱也하니 今移禍焉이

면 庸爲去是身乎아 하시고 不聽하시거늘 越姬曰하시되 大哉라
君王之德이여 以是로 妾이 願從王矣로이다. 昔日之遊는 淫樂也
이라 是以로 不敢許이니라. 及君王이 復於禮하시어 國人이 皆
將爲君王死이니 而況於妾乎이여 請願先驅狐狸於地下하나이다.
王曰하시되 昔之遊樂에 吾가 戱耳니라. 若將必死이면 是는 彰
孤之不德也이라. 越姬曰하시되 昔日에 妾이 雖口不言하나 心旣
許之矣로이다. 妾은 聞信者는 不負其心하며 義者는 不虛設其事
이라 하니 妾은 死王之義오 不死王之好也이로다 하고 遂自殺하
시니라. 王이 病甚하시어 讓位於三弟하시자 三弟不聽이라. 王
이 薨於軍中이시거늘 蔡姬竟不能死하나라. 王의 弟子閭가 與子
西와 子期로 謀曰하되 母信者라면 其子가 必仁이라 하고 乃伏
師閉壁하고 迎越姬之子態章하여 立하니 是爲惠王이니 然後에야
罷兵하여 歸葬昭王하나라.

註 ① 구천(句踐) : 춘추 시대 월(越)나라 제 2 대 왕. 오(吳)나라 합려
　　(闔閭)를 무찔렀으나 그의 아들 부차(夫差)에게 대패하여 회계산
　　(會稽山)에서 굴욕적인 화의(和議)를 체결하였음. 그후 와신상담
　　(臥薪嘗膽)하고 마침내 오나라를 쳐서 치욕을 씻었음.
　② 사마(駟馬) : 네 필의 말이 끄는 수레.
　③ 부사(附社) : 땅이름.
　④ 운몽(雲夢) : 연못 이름.
　⑤ 포저(苞苴) : 선사하는 물건. 선물.
　⑥ 속백(束帛) : 비단 다섯 필을 각각 양끝에서 마주 말아 한 묶음
　　으로 한 것. 옛날에 예물로 사용했음.
　⑦ 호리(狐狸) : 여우와 삵.

　후한(後漢)의 명덕(明德)① 마황후(馬皇后)는 복파장군
(伏波將軍) 원(援)의 어린 딸이다. 일찍 아버지를 여읜
데다 큰 오라버니인 객경(客卿)이 총명하였으나 요절하

였으므로, 어머니 인(藺) 부인이 너무 슬퍼한 나머지 병이 나서 혼미해졌다. 그때 황후의 나이 열 살이었는데 집안일을 두루 살펴 처리하고, 종들을 다스리어 신칙하며, 안팎에서 일을 처리하는 것이 어른과 조금도 다를 바 없었다. 처음에는 여러 가족들이 그런 사실을 전혀 모르고 있다가 나중에야 듣고서 그 뛰어남에 모두 감탄해 마지않았다.

황후가 어릴 적에 오랫동안 앓아 눕자 대부인(大夫人)이 점을 쳤는데 점장이가 말하기를 「이 딸이 비록 병 중에 있으나 크게 귀히 될 것이니, 가히 그 조짐을 말하지 못하겠읍니다.」하였다.

후에 또 관상 보는 사람을 불러서 딸에 대하여 점치게 하였는데, 황후를 보자 깜짝 놀라며 말하기를 「내 반드시 이 딸을 위하여 신하가 되고자 합니다. 그러나 귀하게 되어도 자식이 적을 것이니 다른 집 자식을 얻어다 기르면 힘을 얻을 뿐더러 낳아 기른 자식보다도 훨씬 나으리라 생각됩니다.」하였다.

황후의 나이 열 세 살에 간택되어 태자궁에 들어갔는데, 음황후(陰皇后)②를 섬기며 같은 반열에 있는 사람들을 대접하되 예법이 닦이고 갖추어져서 위아래 사람들이 모두 편안히 여겼으며, 남달리 총애를 입어 항상 후당에 거처하였다.

명제(明帝)는 즉위하자 황후를 귀인으로 삼았다. 그때 황후의 전(前) 어머니 언니의 딸인 가(賈)씨 또한 간택되어 들어와서 숙종(肅宗)③을 낳았는데, 명제는 황후에게 아들이 없으므로 그를 데려다 기르도록 명한 후에 이르기를 「사람은 반드시 제가 낳은 자식이 아니라 할지라도 오로지 사랑하며 정성들여 기르지 못할까 염려하면 되는 것이다.」고 하였다.

황후가 그 뜻을 받들어 온 정성을 바쳐 보살피고 기르니, 그 수고로움이 낳은 자식보다 더하였다. 숙종 또한 그에 못지않게 효성이 두터워서 은혜로운 성품이 하늘에 미칠 정도였고, 어머니와 아들이 모두 자애로와 한결같이 털끝만큼의 빈틈도 찾아볼 수가 없었다.

황후는 늘 왕의 뒤를 이을 자식이 많지 못함을 걱정하여 좌우의 후궁을 천거해 들이되 행여 미치지 못할까 심히 염려하였다. 후궁 중에 들어와 뵙는 사람이 있으면 언제나 위로의 말을 잊지 않았고, 자주 황제의 총애를 받는 사람이 있으면 으레껏 후하게 대접하였다.

영평(永平) 3년 봄에 관리가 장추궁(長秋宮)④을 세울 계획에 대하여 여쭈어 보았으나, 황제가 아무 말도 하지 않으므로 황태후가 이르기를 「마귀인의 덕이 후궁 중에서 가장 빼어나니 그 사람으로 정하도록 하시오.」라고 하였으므로 마침내 황후로 책립하였다. 이 일에

앞서, 황후는 수많은 날벌레들이 날아와 몸에 달라붙고 살갗을 파고 들어왔다가 다시 나가는 꿈을 꾸었다고 한다.

궁중에서의 자리를 바르게 한 뒤에도, 황후는 더욱 겸양하고 조심하였다. 키가 일곱 자 두 치였고, 입모습이 방정하며 머릿결이 아름다왔다. 능히 〈주역(周易)〉을 외고 〈춘추(春秋)〉⑤와 〈초사(楚辭)〉⑥를 즐겨 읽었으며, 특히 〈주관(周官)〉⑦과 동중서(董仲舒)⑧의 글을 잘하였다.

항상 굵고 거친 옷감으로 옷을 지어 입고 치마에는 가를 두르지 아니하였다. 삭망에 여러 공주들이 조회 때 뵈올 때, 황후가 입은 굵고 거친 옷감을 멀리서 보고는 비단인 줄로 여겼다가 가까이 가서 자세히 보고는 입을 모아 웃었다. 그러자 황후가 이르기를 「이 옷감이 물이 잘 들어서 사용했을 뿐이오.」라고 말하였다. 이에 육궁(六宮)⑨에 있는 모든 사람들이 감탄해 마지않았다.

황제가 일찌기 원유(苑囿)의 이궁(離宮)⑩에 가시게 될 때에는, 황후가 곧 바람과 사기(邪氣)와 이슬과 안개로써 경계를 하였는데, 말의 뜻이 정성스럽게 갖추어져 있어서 해로운 것을 미리 잘 분별하였다.

왕이 탁용(濯龍)⑪에 행차하여 모든 재인(才人)들을 불렀더니 하비왕(下邳王)⑫ 이하 모두들 곁에 있었으므로 황후를 모셔 오자고 청하였는데, 왕이 웃으며 이르기를 「황후는 음악을 즐기지 않으므로 비록 온다고 해도 결코 즐거워하지 않을 것이오.」하였다. 이런 연유로 노는 일에는 아주 드물게 따랐다.

15년에 황제가 지도를 보고서 장차 황자(皇子)를 봉하려 하시되, 제국의 반만을 주려고 하였다. 그러자 황후가 이를 보고 이르기를 「모든 아들이 몇 개의 현(縣)만을 차지하게 되는 것이 법도로 따져 너무 적은 것이 아닐는지요?」

왕이 이르기를 「내 아들이 어찌 선황제의 아들과 똑같을 수 있단 말인가. 1년에 2천만을 주면 충분하리라 생각하오.」

이때 초(楚)나라의 옥(獄)이 여러 해 동안 죄를 처단하지 않았으므로, 죄인들이 서로 모함하여서 남을 끌어 넣는 바람에 많은 사람들이 옥에 갇히게 되었다. 황후가 거기에 옳지 못한 점이 많음을 염려하여 틈을 내어 황제에게 그에 관한 이야기를 하며 심히 슬퍼하였다. 그 말을 들은 황제가 감동하여 밤에 일어나 이리저리 배회하더니, 마침내 그 뜻을 받아들여 형벌을 낮추고 또한 많은 사람들을 사면해 주었다.

이때 여러 장수들이 여쭙는 일과, 공경(公卿)들의 의

논에서 일치되기 어려운 사람들에 대하여 황제가 자주 황후에게 물으시거늘, 황후는 그때마다 이치에 맞게 가려 내어 각각 정상을 참작토록 하였다.

항상 왕을 모시고 있을 때에는 그 말이 정사에까지 미치어 보좌하는 바가 컸으며, 집안의 사사로운 일로 소청하지 아니하므로 총애와 공경이 날로 더하여 시종 쇠하지 않았다.

황제가 돌아가시고 숙종이 즉위하자 황후를 존대하여 황태후라 하였다. 황제의 여러 귀인(貴人)들이 남궁(南宮)으로 거처를 옮기게 되거늘, 태후는 석별을 아쉬워하며 각각 왕의 붉은 인끈을 내려 주고, 안거⑬와 사마와 백월(白越) 3천 필, 잡백(雜帛) 2천 필, 황금 열 근을 내려 주었다.

태후는 손수 현종(顯宗)의 기거주(起居注)⑭를 편찬하되, 큰오라버니인 방(防)이 의약 만드는 데 참여했던 일을 삭제했으므로 숙종이 조심스럽게 묻기를 「황문(黃門)⑮ 외숙이 조석으로 공양한 지 어언 1년인데, 다른 포상을 하지는 못할지언정 공로를 기록하지 않으시다니, 너무 지나치신 처사가 아닙니까?」

태후가 이르기를 「후세 사람들에게서 선왕이 후궁의 집을 자주 드나드셨다는 말을 듣고 싶지 않으므로 기록에서 삭제한 것이오.」

숙종은 건초(建初) 원년(元年)에 여러 외숙들을 제후로 봉하려 했으나 태후가 듣지 않았다. 이듬해 여름에 가뭄이 심해지자 예언하는 사람들은 그 까닭이 외척을 봉하지 않았기 때문이라고 하였다. 관리가 이에 대하여 여쭙기를 「옛 법을 따르시는 것이 마땅하리라 생각됩니다.」고 하였다.

태후가 조서에 이르기를 「무릇 예언하는 사람들이 모두 나에게 아첨하여 복을 얻고자 할 따름이다. 옛날에 왕씨(王氏) 오후(五侯)⑯가 하루에 다 봉하여졌거늘, 그때 누런 안개가 주위에 가득했지만 비오는 소리는 듣지 못하였으며, 또한 전분(田蚡)⑰과 두영(竇嬰)⑱이 총애와 존귀를 믿고 함부로 행하다가 패망을 자초하게 된 이야기도 세상에 전하고 있다. 이런 연유로 선왕께서는 외숙들을 막아 삼가시며 큰 벼슬을 내리지 않고 모든 아들의 봉(封)을 초나라와 회양(淮陽) 같은 나라의 반 정도만 맡기시되, 늘 '내 아들은 선황제의 아들과 똑같지 않다.'고 하였다. 그러하거늘 이제 관리는 어찌하여 마씨를 음씨와 비교하려 하는가? 나는 천하의 어머니이므로 굵은 깁으로 옷을 지어 입고, 좋은 음식을 얻지 않으며, 좌우에 있는 사람들도 오로지 깁과 베를 입고 향기나게 꾸미지 않는 까닭은 몸소 아랫사람을 다스리기 위함이다. 외친(外親)들이 보면 틀림없이 마음이 상하여 스스로 경계하리라 여겼지만 오히려 웃으며 말하기를 '태후는 본래 소박한 것을 즐기신다'라고 하였다. 언젠가 탁용문(濯龍門)을 지날 때, 외가의 안부를 묻는 사람을 보니 수레는 흐르는 물과 같았고, 말은 헤엄치는 용과 같았으며, 종들이 입고 있는 파란 구(褠)⑲는 깃과 소매가 바르고 매우 깨끗하거늘 시위(侍衛)하는 자들을 돌아보니 그보다 훨씬 뒤떨어졌다. 그런즉 그 잘못됨을 책하지는 않았으나 세용(歲用)만은 끊고 지냈으며, 이것은 묵묵히 마음속으로 스스로 부끄럽게 여기기를 바랐기 때문이었다. 그렇건만 아직도 나태하여 나라 걱정이나 집안이 망하게 됨을 알지 못한다. 신하를 알아보기로는 임금만한 이가 없으니, 하물며 나야 친족이거늘 더 일러 무엇하랴. 내 어찌 위로는 선황제의 뜻을 저버리고 아래로는 선인의 덕을 무너뜨리며, 서경(西京)⑳이 패망했던 재앙을 그대로 좇게 할 수 있을 것인가.」하고 끝내 허락하지 않았다.

왕이 조서를 보고 비탄에 잠겨 거듭 아뢰기를 「한(漢)나라가 흥함에 있어 외숙들을 제후로 봉함은 황자가 왕이 된 것과 같았읍니다. 태후께서 진실로 겸양하시나, 어찌 저로 하여금 세 외숙에게 은혜 베푸는 길을 막으려 하십니까? 위위(衛尉)㉑는 나이가 많고, 두 분 교위(校尉)㉒는 병세가 깊으니, 이대로 있다가 세상을 뜨면 오래 뼈에 사무치는 한을 품게 하시는 것입니다. 마침 좋은 때를 얻으신 듯하니 주저하지 말고 허락해 주십시오.」

태후가 대답하기를「내가 거듭 생각하여 양쪽 모두 좋게 하려 함일 뿐, 한갓 겸양한다는 아름다운 이름을 얻고자 함이 아니오. 하물며 어찌 황제가 외척을 돌보지 않는다는 혐의를 받게 할 뜻이 있었겠소. 옛날에 두태후(竇太后)가 왕황후(王皇后)의 오빠를 봉하려고 하자 승상 조후(條侯)㉓가 말하기를 '고조(高祖) 황제에게 약조를 받기는 군공이 없는 사람과 유(劉)씨 아닌 사람을 제후로 봉하면 안 된다고 하였읍니다.'라고 하였소. 이제 마씨가 나라에 공을 세우지 않았거늘 어찌 음씨와 곽씨 같은 나라를 중흥시킨 왕후와 같다고 할 수 있겠소. 일찌기 부귀한 집을 보건대, 녹과 벼슬이 중첩하면 마치 과일이 다시 달리는 나무가 반드시 뿌리가 상함과 같으며, 또한 사람들이 제후에 봉해지길 바람은 위로는 제사를 받들고 아래로는 따뜻이 배부름을 구하려는 것일 뿐이오. 이제 제사를 지낼 때에는 사방의 진귀한 것을 받고, 의복과 음식은 어부(御府)㉔의 남은 것을 쓰나니 어찌 부족함을 느낄 수 있겠소. 그런데도 꼭 한 고을을 얻음이 마땅하단 말이오? 내 생각이 이처럼 깊은 것이니 의심치 마오. 무릇 지극한

효도의 행실은 부모를 편안케 함이 우선이거늘, 이제
자주 이변을 만나서 곡식값이 몇 배로 뛰어오르므로
밤낮으로 걱정이 끊이질 않고, 앉으나 누우나 마음이
편안하지 않거늘 외척 봉하는 일을 먼저 하여 자모(慈
母)를 근심케 해서야 되겠는가 ? 내 본래 강하고 급해
서 가슴 가운데 기운이 차 있는지라, 이를 순하게 해
야만 하오. 만일 음양이 잘 조화되어 변방의 경계가
차분해진 후라면 그대의 뜻을 행하여도 좋을 것이오.
그때가 되면 나는 오로지 엿을 가지고 손자들과 놀아
주며 정사에 간여하는 일은 없을 것이오.」 하였다.

그때 신평공주(新平公主)의 집 하인이 불을 내어 북쪽
내각과 후전(後殿)까지 불붙게 되었는데, 태후는 자신
의 죄라 여기고 기거(起居)를 즐거이 하지 않았으며,
마침 원능(原陵)을 찾아보려 하다가 자신이 태만하고
방비하지 못하여 그와 같은 일이 생긴 것이므로 능을
참배하는 것조차 부끄러운 일이라 여겨 가지 않았다.

처음에 대부인 장례 때 만든 분묘가 조금 높았으므로
태후가 이 점을 지적하자 큰오라버니 요(廖)는 즉시 깎
아서 묘를 다시 만들었다. 그 외친 중에 겸양하고 검
박하며 어진 행적을 갖춘 사람이 있을 때에는 곧 온화
한 말을 빌어 재물과 벼슬로 상을 내리시고, 만일 조
금이라도 허물이 있을 경우에는 먼저 엄숙하고 신중한

모습을 보이신 후에 꾸짖었으며, 그 수레와 의복을 좋게 하되 법도에 어긋나게 행하는 사람은 즉시 친속의 적에서 끊어 시골로 보내었다. 광평(廣平)㉟과 거록(鉅鹿)㊱과 악성왕(樂成王)의 수레와 말이 검박한데다 금은으로 장식되지 않았으므로 황제가 이를 태후에게 아뢰자, 태후는 즉시 돈을 각 5백만씩 내려 주었다. 그러한즉 안팎이 태후를 따르고 교화되어 옷차림이 하나같고, 여러 집안의 두려움이 영평(永平) 시절보다 더하였다.

태후는 직실(織室)㊲을 두어 탁용 안에다 누에를 치고 자주 가서 살펴보며 즐거워하였다. 항상 황제와 더불어 아침저녁으로 정사를 의논하였고, 여러 젊은 왕들을 가르치고 경서에 대하여 토론하였으며, 평생의 일을 술회하면서 온종일 화목하게 지내었다.

재위 4 년, 천하에 풍년이 들어 사방 변방이 무사하거늘, 황제는 마침내 세 외숙 요(廖)와 방(防)과 광(光)을 제후로 봉하고자 하였으나 다들 사양하며 관내후(關內侯)가 되고자 하였다.

태후가 이를 듣고 이르기를 「성인의 가르침을 만드심이 각각 그 법이 있음은 사람의 마음이 가지런하지 못함을 알기 때문일 것이오. 내가 젊었을 때엔 오로지 열심으로 책을 읽어 뜻을 둔 일에는 목숨도 돌아보지

않았었소. 이제 비록 늙기는 했으나, 역시 경계를 게
을리하지 않는 것은 탐욕을 조심하려다 보니 주야로
염려스러워 나를 낮추려고 생각하였소. 그리하여 거처
는 편한 것을 구하려 하지 않았고, 먹는 것도 배부른
것만을 생각지 아니하였소. 이 도를 지녀서 나는 선왕
의 뜻에 조금도 부끄러움이 없게 하고 또한 형제들을
잘 교화시키고 이끌어, 이 뜻을 여러 사람이 함께하고
싶었소. 그러한즉 이 늙은이의 뜻을 어찌 받아들이지
않을 수 있겠소. 끝내 따르지 않는다면 만년 후에는
길이 뉘우치게 될 것이오.」

　그러자 요와 방과 광이 마지못해 봉작을 받고, 이전
의 벼슬에서 물러나 집으로 돌아갔다.

　태후가 그 해에 오랫동안 앓아 누웠으나 무당과 의
원을 믿지 아니하여 절대로 빌며 제사를 지내지 못하
도록 자주 신칙하였다. 유월에 이르러 돌아가시니 재
위 23년이요, 나이 사십이 넘어서였다.

　後漢明德馬皇后는　伏波將軍援之少女也이시니라.　少喪父하시
고　母兄客卿이　敏慧러니　早夭커늘　母藺夫人이　悲傷하여　發疾慌
惚이거늘　后가　時年이　十歲시더니　幹理家事하시어　勅制僮御하
시니　內外가　諸稟을　事同成人하시더니　初에　諸家가　莫知者러
니　後에　聞之하고　咸歎異焉하더라.　后가　嘗久疾이시거늘　大夫
人이　令筮之한대　筮者가　曰하되　此女가　雖有患狀이나　而當大貴

하리니 兆不可言也이로다. 後에 又呼相者하여 使占諸女한대 見
后大驚曰하되 我必爲此女하여 稱臣하리로다. 然이나 貴而少子
하리니 若養它子者이면 得力이 乃當踰於所生이라 하더니 選入
太子宮하시니 時年이 十三이시러니 奉承陰后하시며 傍接同列하
시되 禮則이 修備하신대 上下가 安之더니 遂見寵異하시어 常居
後堂하시더니 明帝即位하시어 以后로 爲貴人하시니라. 時에 后
의 前母姊女賈氏亦以選入하여 生肅宗한대 帝以后가 無子로 命
令養之하시고 謂曰하시되 人이 未必當自生子이니 但患愛養이 不
至耳니라. 后가 於是에 盡心撫育하시어 勞悴가 過於所生하시더
니 肅宗도 亦孝性이 淳篤하시며 恩性이 天至하시어 母子가 慈
愛하시어 始終無纖介之閒하시니라. 后는 常以皇嗣가 未廣으로
每懷憂歎하시어 薦達左右하시되 若恐不及하시어 後宮이 有進見
者이거든 每加慰納하시며 若數寵引이거든 輒增隆遇하시더이다.
永平三年春에 有司가 奏立長秋宮이거늘 帝未有所言이시러니 皇
太后가 曰하시되 馬貴人이 德冠後宮하니 即其人也이라 하시거늘
遂立爲皇后하시니라. 先是하여 夢有小飛虫이 無數赴着身하고 又
入皮膚中하여 而復飛出하니라. 既正位宮闈하시어 愈自謙肅하시
더이다. 身長이 七尺二寸이시고 方口美髮하시고 能誦易하시며
好讀春秋楚辭하시며 尤善周官과 董仲舒書하시더이다. 常衣大練
하시고 裙不如緣이시더니 朔望에 諸姬主가 朝請할 때 望見后布
의 疎麤하고 反以爲綺縠이라 하다가 就視하고 乃笑한대 后가 辭
曰하시되 此繒이 特宜染色故로 用之耳라 하신대 六宮이 莫不歎
息하니라. 帝嘗幸苑囿離宮이시거든 后가 輒以風邪露霧로 爲戒
하시어 辭意款備하시어 多見詳擇하시더이다. 帝幸濯龍中하시어
並召諸才人하시니 下邳王已下가 皆在側이러니 請呼皇后한대 帝
笑曰하시되 是家가 志不好樂하나니 雖來니 無歡이라 하시니 是
以로 遊娛之事에 希嘗從焉이시더이다. 十五年에 帝按地圖하시
어 將封皇子하시되 悉半諸國하시더니 后가 見而言曰하시되 諸

子가 裁食數縣이 於制에 不已儉乎이잇가. 帝曰하시되 我子는 豈宜與先帝子로 等乎이리요. 歲給二千萬이 足矣니라. 時에 楚獄이 連年不斷하여 囚相證引하여 坐繫者가 甚衆하더니 后가 慮其多濫하시어 乘閒하시어 言及愴然하신대 帝感悟之하시어 夜起彷徨하시어 爲思所納하시어 卒多有所降宥하시니라. 時에 諸將奏事와 及公卿較議難平者를 帝數以試后이시거늘 后가 輒分解趣理하시어 各得其情하시더이다. 每於侍執之際에 輒言及政事하시어 多所毗補하시고 而未嘗以家私로 于欲하실 때 寵敬日隆하시어 始終無衰하시니라. 及帝崩하시거늘 肅宗이 即位하시어 尊后曰皇太后이라 하시다. 諸貴人이 當徙居南宮이거늘 太后가 感析別之懷하시어 各賜王赤綬하시고 加安車駟馬와 白越三千端과 雜帛二千匹과 黃金十斤하시다. 自撰顯宗起居注하시되 削去兄防의 參醫藥事이시거늘 帝請曰하시되 黃門舅가 朝夕供養이 且一年이니 旣無褒異하시고 又不錄勤勞하심이 無乃過乎이잇가. 太后가 曰하시되 吾가 不欲令後世로 聞先帝의 數親後宮之家故로 不著也하노라. 建初元年에 欲封爵諸舅이거늘 太后가 不聽하시다. 明年夏에 太旱이거늘 言事者가 以爲不封外戚之故이라 하더니 有司가 因此하여 上奏하되 宜依舊典이로소이다. 太后가 詔曰하시되 凡言事者가 皆欲媚朕하여 以要福耳니라. 昔에 王氏五侯가 同日俱封이거늘 其時에 黃霧가 四塞하고 不聞澍雨之應하며 又田蚡과 竇嬰이 寵貴橫恣하여 傾覆之禍가 爲世所傳하니 故로 先帝防愼舅氏하시어 不令在樞機之位하시고 諸子之封을 裁令半楚淮陽諸國하시어 常謂我子는 不當與先帝子로 等이라 하시니 今에 有司가 奈何欲以馬氏로 比陰氏乎오 吾가 爲天下母이라. 而身服大練하며 食不求甘하며 左右가 但着帛布하고 無香薰之飾者는 欲身率下也이라. 以爲外親이 見之하면 當傷心自勑이러니 但笑言太后가 素好儉이라 하시다. 前過濯龍門上할 때 見外家에 問起居者하니 車如流水하며 馬如游龍하며 倉頭가 衣綠褠하고 領袖

가 正白하거늘 顧視御者한데는 不及이 遠矣러라. 故로 不加譴
怒하고 但絶歲用而已는 冀以默愧其心이거늘 而猶懈怠하여 無憂
國忘家之慮하니 知臣이 莫若君하니 況親屬乎이여 吾가 豈可上
負先帝之旨하고 下虧先人之德하여 重襲西京의 敗亡之禍哉리요
하시고 固不許하신대 帝省詔하시고 悲歎하시어 復重請曰하시되
漢興에 舅氏之封侯는 猶皇子之爲王也이니 太后가 誠存嫌虛하시
나 奈何令臣으로 獨不如恩三舅乎이잇고 且衛尉는 年尊하고 兩
校尉는 有大病하니 如今不諱면 使臣으로 長抱刻骨之恨이니 宜及
吉時라. 不可稽留이니이다. 太后가 報曰하시되 吾가 反覆念之
하여 思令兩善이니 豈徒欲獲謙讓之名하여 而使帝로 受不外施之
嫌哉리요. 昔에 竇太后가 欲封王皇后之兄이거늘 承相條侯가 言
하되 受高帝約하니 無軍功과 非劉氏거든 不侯라 하니 今에
馬氏無功於國하니 豈得與陰郭中興之后로 等耶이리요. 嘗觀富貴
之家하니 祿位重疊함이 猶再實之木이 其根이 必傷하며 且人所
以願封侯者는 欲上奉祭祀하고 下求溫飽耳니 今에 祭祀則受四方
之珍하고 衣食則蒙御府餘資하나니 斯豈不足하여 而必當得一縣
乎이리요. 吾가 計之熟矣라니 勿有疑也하라. 夫至孝之行은 安
親이 爲上이니 今에 數遭變異하여 穀價가 數倍할 때 憂惶晝夜
하여 不安坐臥이거늘 而欲先營外封하여 違慈母之拳拳乎오. 吾가
素剛急하여 有胷中氣와 不可不順也이니라. 若陰陽이 調和하며
邊境이 淸靜然後에나 行子之志하라. 吾는 但當含飴弄孫하고 不
能復關政矣로리라. 時에 新平主家御者가 失火하여 延及北閣後
殿이거늘 太后가 以爲己過라 하시어 起居를 不歡하시어 時에
當謁原陵이러시니 自引守備不愼하여 慙見陵園이라 하시고 遂不
行하시니라. 初에 大夫人葬에 起墳이 微高이거늘 太后가 以爲
言하신대 兄廖等이 卽時減削하니라. 其外親이 有謙素義行者이
거든 輒假借溫言하시어 賞以財位하시고 如有纖介거든 則先見嚴
格之色然後에야 加譴하시며 其美車服하여 不軌法度者란 便絶屬

籍하여 遺歸田里하시더이다. 廣平과 鉅鹿과 樂成王과 車騎朴素
하여 無金銀之飾이거늘 帝以白太后하신대 太后가 即賜錢各五百
萬하시니 於是에 內外從化하여 被服이 如一하니 諸家가 惶恐이
倍於永平時하더라. 乃置織室하시어 蠶於濯龍中하시고 數往觀視
하시어 以爲娛樂하시더니 當與帝로 旦夕에 言道政事하시며 及
敎授諸小王論語經書하시며 述叙平生하시어 雍和終日하시더니 四
年에 天下가 豊稔하고 方垂가 無事이거늘 帝遂封三舅廖와 防과
光하여 爲列侯하신대 並辭讓하며 願就關內侯이거늘 太后가 聞
之曰하시되 聖人設敎가 各有其方은 知人情性이 莫能齊也이니 吾
가 少壯時엔 但慕竹帛하고 志不顧命하더니 今雖已老이나 而復戒
之在得이라. 故로 日夜에 惕厲하여 思自降損하여 居不求安하며
食不念飽하여 冀乘此道하여 不負先帝하며 所以化導兄弟하여 共
同斯志하여 欲令瞑目之日에 無所復恨하니다. 何意老志를 復不
從哉리요. 萬年之日엔 長恨矣로다. 廖等이 不得已하여 受封爵
하고 而退位歸第焉하니라. 太后가 其年에 寢疾하시어 不信巫祝
小醫하시어 數勅絶禱祀하시더니 至六月하여 崩하시니 在位二十
三年이요, 年이 四十餘이러시다.

註 ① 명덕(明德) : 후한 제 2 대 명제(明帝)의 마왕후로서 시호가 덕
   (德)이므로 명덕이라 부름.
  ② 음황후(陰皇后) : 후한 세조 광무황제(世祖光武皇帝)의 황후. 명
   제(明帝)의 어머니.
  ③ 숙종(肅宗) : 후한 제 3 대 효장황제(孝章皇帝). 성은 유(劉), 이
   름은 달(炟).
  ④ 장추궁(長秋宮) : 황후의 궁.
  ⑤ 춘추(春秋) : 오경(五經)의 하나. 중국 노(魯)나라의 은공(隱公)
   1년에서 애공(哀公) 14년까지의 12대 242년간의 사적을 노나라
   의 사관이 기록한 것으로, 공자(孔子)가 윤리적 입장에서 비판 수
   정을 가하고 정사선악(正邪善惡)의 가치 판단을 내린 것.
  ⑥ 초사(楚辭) : 초(楚)나라 굴원(屈原)의 사부(辭賦)와 그의 문하
   생 및 후인의 작품을 모은 책.
  ⑦ 주관(周官) : 〈서경(書經)〉 주서(周書)의 편명(篇名). 〈주례(周

禮)〉의 본이름.

⑧ 동중서(董仲舒) : 전한의 유학자. 호는 계암자(桂巖子). 춘추공양학(春秋公羊學)을 수학하여 하늘과 사람의 밀접한 관계를 강조함. 저서로는 〈춘추번로(春秋繁露)〉등이 있음.

⑨ 육궁(六宮) : 황후의 궁전과 부인 이하의 다섯 궁실(宮室).

⑩ 이궁(離宮) : 임금이 궁궐 밖에서 거처하는 별궁(別宮).

⑪ 탁용(濯龍) : 후원(後苑)의 이름.

⑫ 하비왕(下邳王) : 명제(明帝)의 아들. 이름은 연(衍).

⑬ 안거(安車) : 편안히 앉아서 타는 수레로 말 한 필이 끔. 주로 노인이나 부녀자들이 탐.

⑭ 기거주(起居注) : 실록(實錄).

⑮ 황문(黃門) : 대궐의 금문(禁門)을 말하는데, 후한 때는 이를 지키는 관리를 황문이라 하였음.

⑯ 왕씨 오후(王氏五侯) : 전한 제 11 대 성제(成帝) 때에 황태후 왕(王)씨가 오빠 다섯을 모두 대사마에 임명하였는데, 이들을 가리켜 오후(五侯)라 함.

⑰ 전분(田蚡) : 전한 제 6 대 경제(景帝) 왕황후(王皇后)의 동생. 무제(武帝)의 외숙. 두영(竇嬰)과 권력 다툼을 하였으며, 결국 두태후(竇太后)가 죽은 후 승상이 되어 두영을 무살함.

⑱ 두영(竇嬰) : 전한 제 5 대 문제(文帝) 두황후(竇皇后)의 사촌오빠의 아들. 무제 때 승상에 이르렀으나 두태후의 뜻을 거슬러 파직당함. 후에 전분과 권력 다툼을 하다가 경제 황후의 노여움을 사게 되어 죽음.

⑲ 구(褠) : 소매가 좁은 홑옷..

⑳ 서경(西京) : 전한의 서울. 여기서는 전한을 말함.

㉑ 위위(衛尉) : 태후의 큰오빠 요(廖)의 벼슬 이름.

㉒ 교위(校尉) : 벼슬 이름.

㉓ 조후(條侯) : 전한의 정치가 주아부(周亞夫)를 가리킴. 발(勃)의 아들. 문제로부터 진장군(眞將軍)이라 칭찬받고, 경제 때는 오초칠국(吳楚七國)의 반란군을 진압하여 재상이 되었으나 참언을 당하여 절식(絕食)하여 죽음.

㉔ 어부(御府) : 임금이 쓰는 물품을 넣어 두는 곳집.

㉕ 광평(廣平) : 명제의 아들.

㉖ 거록(鉅鹿) : 명제의 아들.

㉗ 악성왕(樂成王) : 명제의 아들.

㉘ 직실(織室) : 직조(織造)하는 방.

  후한(後漢)의 화희 등황후(和熹鄧皇后)①는 태부(太傅)
우(禹)의 손녀이다. 아버지 훈(訓)은 호강교위(護羌校
尉)②요, 어머니 음(陰)씨는 광열 황후(光烈皇后) 사촌동
생의 딸이다.

  황후가 다섯 살 때 태부 부인이 사랑하여 손수 머리
를 깎아 주었는데, 부인이 나이들면서 눈이 어두워져
자칫 등후의 이마에 상처를 내고 말았다. 그러나 황후
는 아픔을 참고 아무 말도 하지 않았다. 주위에 있는
사람들이 이상하게 여겨 그 까닭을 묻자, 황후가 대답
하기를 「아프긴 하지만 할머니께서 애처롭게 여기시며
내 머리를 깎아 주실 터이니, 나이 많으신 노인의 마
음을 차마 상하게 할 수가 없어서 참은 것이오.」하
였다.

  여섯 살에 이미 사서(史書)에 능하였고, 열 두 살에
시(詩)와 〈논어〉에 통달하더니, 여러 오라버니들이 매
일 경전을 읽고 있으면 으레 겸허한 태도로 이해하기
힘든 것을 질문하곤 하였다. 항상 뜻을 책에만 두고,
집안 살림에 대한 것은 전혀 묻지 않으니, 어머니가
늘 그 잘못됨을 꾸짖어 말하기를 「네가 여자의 일을 익
혀서 옷을 짓는 일은 하지 않고 학문에만 전념하고 있
으니 마땅히 박사(博士)를 시켜야겠구나!」하였다.

  황후가 어머니의 말씀을 따르지 않는 것을 중히 여

겨서, 낮에는 여자의 일을 익히고 밤에는 경전을 외었으므로 집안 사람들이 선비라 일컬었다. 아버지 훈은 딸을 남다르게 생각하며 일의 크고 작음을 가리지 않고 딸과 더불어 의논하였다.

영원(永元) 4 년에 당연히 간택되어 입궁했으나, 마침 아버지 훈이 돌아가시자 황후는 밤낮으로 울며 3 년 동안 소금기 있는 음식과 채소를 입에 대지 않았다. 그리하여 모습이 초췌해지고 몸이 야위어 친한 사람마저 알아보지 못할 정도였다.

황후가 일찌기 꿈속에서 하늘을 더듬어 보니 한없이 넓고 푸른데다 종유(鍾乳)처럼 생긴 것이 있거늘 고개를 들어 그것을 핥아먹었다고 하였다.

해몽하는 사람에게 묻자 그가 대답하기를 「요(堯) 임금은 꿈속에서 하늘을 더위잡고 올라갔으며, 탕(湯) 임금은 꿈속에서 하늘에 닿아 그것을 핥았다고 하는데, 이것은 모두 성왕(聖王)이 될 것을 점친 꿈이었읍니다. 그러므로 가히 길한 꿈이라고 할 수 있읍니다.」하였다.

또한 관상 보는 사람이 등후를 보고 깜짝 놀라 말하기를 「이는 성탕(成湯)③의 관상법입니다.」하거늘, 집안 사람들이 은근히 기뻐하되 조심스럽게 여기며 입밖에 내지는 않았다.

황후의 작은아버지 개(陔)가 이르기를 「일찌기 들은

바에 의하면 천 사람의 목숨을 건진 사람은 자손 중에
봉(封)을 받는 이가 있다고 하였는데, 형님 훈께서는
알자(謁者)④이신지라 석구하(石臼河)⑤를 수리하게 하여
매년 수천 사람의 목숨을 건지셨으니, 천도를 믿는다
면 집안이 가히 복받을 것입니다.」하였다.

전에 태부 우(禹)도 자찬하며 이르기를 「내가 백만
의 무리를 거느릴 때에 한 사람도 헛되이 죽인 적이 없
었으니, 후세 자손 중에 반드시 흥할 사람이 있을 것
이다.」하였다.

영원 7년에 황후가 다시 여러 집안 자제들과 함께
간택되어 궁중에 들어가니, 황후의 키가 일곱 자 두 치
인데다 자태가 아름다와서 여러 사람들 중에 단연 으
뜸이었으므로 주위 사람들이 모두 경탄하였다.

8년 겨울 후궁에 들어가 귀인(貴人)이 되니, 이때 나
이 열 여섯으로, 몹시 삼가며 조심스러워 행동함에 있
어서 항상 법도를 지켰다. 또한 음황후(陰皇后)를 섬기
는 일에 있어서 이른 새벽부터 늦은 저녁까지 두려움
을 품고 크게 조심하였으며, 같은 반열들을 대접하고
보살핌에도 늘 극기로써 몸을 나직이 하였다. 비록 궁
에서 부리는 종일지라도 고루 은혜를 베푸니 이에 화
제(和帝)가 심히 기뻐하며 사랑하였다.

황후가 앓아 눕자 황제는 특별히 황후의 어머니와 형

제들에게 궁궐에 들어와 의약을 시중들도록 하였는데, 날수를 정하지 않고 머물러 있게 하자 황후가 황제께 아뢰기를「궁궐은 지극히 중요한 곳이거늘 바깥 사람들이 오랫동안 안에 들어와 있으면 위로는 폐하에게 사사로운 일로 인해 누를 끼치고, 아래로는 천한 저로 하여금 족함을 알지 못한다는 비난을 받게 하심이 됩니다. 상하가 다 해를 입는 것이니 진실로 원하는 바가 아니옵니다.」하였다.

황제가 이르기를「모든 사람들이 궁궐에 자주 들어오는 것을 영광스럽게 여기거늘, 귀인은 오히려 근심스러워하고 심히 자기를 억제하며 겸양하니, 진실로 거기에 이르는 것은 어려운 일이오.」하였다.

언제나 연회가 있으면 여러 희첩(姬妾)들과 귀인들이 경쟁이나 하듯 손질하고 가꾸어 비녀와 귀고리가 빛나고 의복이 산뜻하며 밝거늘, 황후만은 홀로 수수하게 입고 옷을 장식하지 않았다. 그 옷이 음황후가 입은 옷과 같은 색일 경우에는 얼른 벗고 다른 것으로 갈아입었으며, 함께 들어가 뵈올 때에는 감히 마주앉거나 떨어져 서 있지 아니하였다. 또한 행동할 때에는 몸을 굽혀 나직이 하였다. 게다가 황제가 물을 때에는 으레 머뭇거린 후에 대답하되, 감히 음황후보다 먼저 말하는 적이 없었다. 황제는 황후가 애써 몸을 굽히는 줄을 알고는 찬탄하여 이르기를 「덕을 닦는 노력이 이러하구나.」하였다. 후에 음황후가 황후를 점차 멀리 대하여 찾아 뵙길 원할 때마다 매번 병을 핑계로 거절하였다.

이때 황제는 황자를 자주 잃거늘, 황후는 후사를 걱정하여 항상 눈물을 흘리고 탄식하였으며, 자주 재인(才人)을 뽑아 진상하여 황제의 뜻을 넓게 펴도록 하였다.

음황후는 황후의 덕을 칭송함이 날로 성해지자 어쩔 줄 몰라하다가 끝내 저주하여 황후를 해하고자 하였다.

황제가 병중에 있어 심히 위독하자 음황후가 은밀히 말하기를 「내가 뜻을 얻으면 등씨 가운데 살아남은 자가 다시는 없게 하리라.」하였다.

등후는 이 말을 듣자 이내 눈물을 흘리면서 주위 사람에게 말하기를 「내가 정성을 다하고 마음을 다하여 황후를 섬기었지만 끝내 도움을 주지 못하니 이는 필시 하늘의 죄를 얻었기 때문이다. 부인이 비록 죽음을 따라야 한다는 법은 없으나, 주공(周公)은 몸으로써 무왕(武王)의 명을 청하였으며, 월희(越姬)는 마음속으로 반드시 임금을 따라 죽겠다고 맹세하였었다. 위로는 황제의 은혜를 갚으며 가운데로는 종족의 재화를 벗기고, 아래로는 음씨로 하여금 인시(人豕)의 말썽⑥을 빚지 않게 하려 함이다.」

그런 후에 즉시 독약을 마시려 하거늘, 궁인 조옥(趙玉)이 한사코 만류하면서 거짓으로 아뢰기를 「마침 심부름꾼이 와서 전하기를 황제의 병세가 호전되었다고 합니다.」하자, 등후가 그 말을 그대로 믿고는 음독을 이내 그만두시니, 그 다음날 과연 황제의 병세가 호전되었다.

14년 여름에 음황후가 무고사(巫蠱事)[7]로 인하여 폐후당하게 되거늘, 황후가 황제를 뵙고 구하고자 하였으나 뜻을 이루지 못하였다. 황제가 곧 결정한 대로 처결하였으므로 황후는 병이 중하다는 핑계를 대고 스스로 단절하였다.

이때 관리가 장추궁(長秋宮)을 세우는 일에 대해 황제에게 아뢰자 황제가 이르기를 「황후의 존엄은 나와 한몸이 되어 종묘를 받들고, 천하의 어머니가 되는 것이니 어찌 쉬운 일이라 하겠는가. 오직 등귀인의 덕이 후궁 가운데서 빼어나니 실로 온당하리로다.」하였다.

겨울이 되자 황후로 봉하여졌는데, 세 번을 사양한 뒤에야 즉위하였다. 그리고 손수 표(表)를 써서 감사의 뜻을 나타내기를 「심히 덕이 부족한 저를 소군(小君)[8]으로 삼아 주시니 황후의 자리를 메우기에 충분치 못한 줄로 아옵니다.」하였다.

이때 사방의 나라가 진귀하고 좋은 것들을 구하여 다투어서 공물로 바쳤다. 황후는 즉위하자마자 이를 모두 금지하고, 연중 정해진 때에 오직 종이와 먹만을 바치도록 하였다. 황제가 매번 등씨들에게 벼슬을 내리려고 하였으나, 등후가 그때마다 간절하고 겸손하게 사양하니, 큰오라버니 질(隲)은 황제가 세상을 뜰 때까지 호분중랑장(虎賁中郞將)[9]에 지나지 않았다.

원흥(元興) 원년에 황제가 돌아가시거늘, 큰아들 평원왕(平原王)이 병중에 있고, 여러 황자들이 전후에 10여 명이나 일찍 세상을 떴으므로 나중에 태어난 황자는 즉시 민간에서 은밀히 기르도록 하였다. 상제(殤帝)[10]가 태어나 갓 백일이 되자 황후가 맞아 황제로 세웠다. 이로부터 황후를 존경하여 황태후라 하였으며, 태후가 조회에 임하였다.

화제(和帝)의 장례가 끝나자 궁인들이 모두 후원으로 돌아가거늘, 태후가 귀인 주(周)씨와 풍(馮)씨에게 책을 내리기를 「내가 귀인들과 배필이 되어 후궁에 들어와서 함께 기뻐하고 같은 반열에 선 지도 어언 10여 년인바, 복을 받지 못하여 선왕이 일찍이 천하를 버리시니 외롭고 마음 허전하여 우러를 곳이 없으며, 낮이나 밤이나 그리움으로 인해 설움이 복받치오. 이제 마땅히 예법대로 흩어져 후원으로 돌아가긴 하지만, 서러

움과 한숨이 더해지니 연연의 시(燕燕之詩)⑪인들 어찌 능히 여기에 비할 수 있겠는가.」하고 귀인들에게 왕청개거(王靑盖車)⑫와, 곱게 꾸민 수레와, 참마(驂馬)에 사용할 말 네 필썩과, 황금 30 근, 잡백(雜帛) 3천 필, 백월(白越) 4천 필을 주라 이른 다음, 풍귀인에게는 왕의 붉은 인끈을 주고 보요(涉搖)⑬와 환패(環珮)가 없다 하여 각각 한 벌씩을 더 내리었다.

이때 새로 큰 거상을 만나 법령이 아직 세워지지 않은 터에 궁중의 굵은 구슬 한 상자를 잃어버린 일이 발생했다. 태후는 힐문하고 싶었으나, 그중에는 반드시 무고한 자가 있으리라 여겨 친히 궁인들을 하나씩 점검하고 안색을 살피었다. 그러자 즉시 자복하는 사람이 생겨났다. 또 화제가 총애하던 길성(吉成)이란 사람이 있었는데, 그의 시종 여럿이서 길성에게 무고사의 죄를 씌웠으므로, 후궁에 하달하여 심문한 결과 말과 증거가 명백하였다. 그러나 태후는 그가 선왕의 주위 사람을 대함에 있어서 은혜를 베풀기는 했을지언정 평소에 모진 말이라곤 단 한 마디도 한 적이 없음을 알고, 오히려 이와 같은 일은 아무래도 인정에 맞지 않는다는 생각을 하였다. 그리하여 다시 직접 불러 만나 보시고 사실을 조사하여 밝힌즉 시종의 짓이므로, 모두들 탄복해 마지않으며 거룩하고 밝음을 지녔다고 하였다.

　後漢和熹鄧皇后는 太傳禹之孫也이시니라. 父訓은 護羌校尉요
母는 陰氏니 光烈皇后의 從弟女이 也라. 后가 年이 五歲에 太
傳夫人이 愛之하여 自爲剪髮하더니 夫人이 年高目冥하여 誤傷
后額한대 忍痛不言이시거늘 左右가 怪而問之한대 后가 曰하시
되 非不痛也이건마는 大夫人이 哀憐하여 爲斷髮하실 때 難傷老
人意故로 忍之耳로라. 六歲에 能史書하시고 十二에 通詩論語하
시더니 諸兄이 每讀經傳이거든 輒下意難問하시어 志在典籍하시
고 不問居家之事이시거늘 母가 常非之曰하되 汝가 不習女工하
여 以供衣服하고 乃更務學하니 寧當擧博士耶아. 后가 重違母言
하시어 晝修婦業하시고 暮誦經典하신대 家人이 號曰諸生이라 하
더니 父訓이 異之하며 事無大小가 輒與詳議하더라. 永元四年에
當以選入이시러니 會訓이 卒하거늘 后가 晝夜에 號泣하시고 終
三年하도록 不食塩菜하시어 憔悴毁容이시거늘 親人이 不識之하
더라. 后가 嘗夢捫天하시니 蕩蕩正靑하고 若有鍾乳狀이거늘 乃
仰漱飮之하시고 以訊諸占夢하신대 言하되 堯가 夢에 攀天而上하
시고 湯이 夢에 及天而咶之하시니 斯皆聖王之前占이라 吉不可言
이로다. 又相者가 見后하시고 驚曰하되 此는 成湯之法이로다 하
거늘 家人이 竊喜而不敢宣하니라. 后의 叔父陔言하되 嘗聞活千
人者는 子孫이 有封이라 하니 兄訓이 爲謁者이라 使修石臼河하
여 歲活數千人하니 天道가 可信인데는 家必蒙福하리라. 初에 太
傳이 嘆曰하되 吾가 將百萬之衆하여 未嘗妄殺一人하니 其後世
에 必有興者하리다. 七年에 后가 復與諸家子로 俱選入宮하시니
后가 長이 七尺二寸이요 姿顔이 姝麗하여 絶異於衆하시니 左右
가 皆驚하더라. 八年多에 入掖庭하시어 爲貴人하시니 時年이 十
六이시러니 恭肅小心하시어 動有法度하시어 承事陰后하시되 夙
夜戰兢하시며 接撫同列하시되 常克己以下之하시며 雖宮人隷役

이라도 皆假恩借하신대 和帝深嘉愛焉하시더니 及后가 有疾하여 特令后의 母와 兄弟로 入侍醫藥하여 不限日數이시거늘 后가 言於帝曰하시되 宮禁이 至重이거늘 而使外舍로 久在內省하여 上令陛下로 有幸私之譏하고 下使賤妾으로 獲不知足之謗하며 上下가 交損을 誠不願也하나이다. 帝曰人이 皆以數入으로 爲榮이거늘 貴人은 反以爲憂하여 深自抑損하니 誠難及也이로다. 每有讌會에 諸姬貴人이 競自修整하여 簪珥光采하며 袿裳을 鮮明이거늘 而后가 獨着素하시어 裝服이 無飾하시며 其衣有與陰后로 同色者이거든 即時解易하시며 若並時進見이시거든 則不敢正坐離立하시며 行則偞身自卑하시며 帝每有所問이시거든 常逡巡後對하시어 不敢先陰后言하시더니 帝知后의 勞心曲體하시고 歎曰하시되 修德之勞가 乃如是乎아. 後에 陰后가 漸疎이거늘 每當御見하시며 輒辭以疾하시더이다. 時에 帝數失皇子이시거늘 后가 憂繼嗣의 不廣하시어 恒垂涕歎息하시어 數選進才人하시어 以博帝意하시더니 陰后가 見后의 德稱이 日盛하고 不知所爲하여 遂造祝詛하여 欲以爲害하더라. 帝嘗寢病危甚이시니라. 陰后가 密言하되 我가 得意하면 不令鄧氏로 復有遺類하리라. 后가 聞하시고 乃對左右하여 流涕言曰하시되 我가 竭誠盡心하여 以事皇后하되 竟不爲所祐하니 而當獲罪於天이로다. 婦人이 雖無從死之義나 然이나 周公이 身請武王之命하며 越姬心誓必死之分하니 上以報帝之恩하며 中以解宗族之禍하며 下不令陰氏로 有人豕之譏하리라 하시고 即欲飮藥이시거늘 宮人趙玉者가 固禁之하여 因詐言하되 屬有使來하니 上疾이 已愈이로소이다 하거늘 后가 信以爲然하시어 乃止하시니 明日에 帝果瘳하시니라. 十四年夏에 陰后가 以巫蠱事로 廢이거늘 后가 請救不能得하시니 帝便屬意焉하신대 后가 愈稱疾篤하시어 深自閉絶하시더니 會有司가 奏建長秋宮한대 帝曰하시되 皇后之尊이 與朕同體하여 承宗廟하며 母天下하나니 豈易哉리요. 唯鄧貴人이 德冠後庭하니 乃可當之니

라. 至多하여 立爲皇后하신대 辭讓者가 三然後에야 卽位하시어
手書表謝하시어 深陳德薄하여 不足以充小君之選이라 하시다. 是
時에 方國貢獻을 競求珍麗之物하더니 自后가 卽位로 悉令禁絕
하시고 歲時에 但供紙墨而已리라. 帝每欲官爵鄧氏이시거든 后
가 輒哀請謙讓故로 兄騭이 終帝世하도록 不過虎賁中郞將하니라.
元興元年에 帝崩하시거늘 長子平原王이 有疾하고 而諸皇子夭歿
이 前後十數러니 後生者를 輒隱秘하여 養於人閒하더니 殤帝
生이 始百日이시더니 后가 乃迎立之하시다. 尊后하여 爲皇太后
하시고 太后가 臨朝하시니라. 和帝葬後에 宮人이 並歸園이러니
太后가 賜周馮貴人策曰하시되 朕與貴人으로 託配後庭하여 共歡
等列이 十有餘年이러니 不獲福祐하여 先帝早棄天下하시되 孤心
쑛쑛하여 靡所瞻仰이라. 夙夜永懷하여 感愴이 發中이로다. 今
當以舊典으로 分歸外園일 때 慘結增歎하니 燕燕之詩는 曷能喩
焉이리오. 其賜貴人王靑盖車와 采飾輅와 騂馬各一駟와 黃金三十
斤과 雜帛三千匹과 白越四千端하라 하시고 又賜馮貴人王赤綬하
시고 以未有步搖環珮이라 하시어 加賜各一具하시다. 是時에 新
遭大憂하여 法禁이 未設이러니 宮中이 亡大珠一篋한대 太后가
念欲考問하시되 必有不幸이라 하시어 乃親閱宮人하시어 觀察顔
色하시니 卽時에 首服하니라. 又和帝幸人吉成의 御者가 共枉吉
成以巫蠱事하거늘 遂下掖庭하여 考訊하시니 辭證이 明白하더니
太后가 以先帝左右로 侍之有恩이라도 平日에 尙無惡言하더니 今
反若此하니 不合人情이라 하시고 更自呼見하시어 實覈하시니 果
御者의 所爲거늘 莫不歎服하여 以爲聖明이라 하니라.

① 화희 등황후(和熹鄧皇后) : 후한 제4대 화제(和帝)의 황후. 시
호는 희(熹), 이름은 수(綏). 음황후(陰皇后)가 폐후되자 황후가
됨. 화제가 죽은 후 어린 상제(殤帝)·안제(安帝)가 즉위하자 10
여 년을 섭정하였음.
② 호강교위(護羌校尉) : 한(漢) 무제(武帝) 때 설치한 벼슬 이름.

③ 성탕(成湯) : 은(殷)나라의 초대 왕. 본명은 이(履) 또는 대을(大乙). 하(夏)의 걸왕(桀王)을 내쫓고 천자(天子)의 위에 올랐음. 박(亳)에 도읍하여 국호를 상(商)이라 함. 탕왕(湯王).

④ 알자(謁者) : 응접(應接)을 맡은 벼슬.

⑤ 석구하(石臼河) : 하천의 이름.

⑥ 인시지의(人豕之義) : 전한의 황후 여(呂)씨가 고조(高祖)가 죽고 아들 혜제(惠帝)가 즉위하자, 평소 고조의 총애를 한몸에 받았었던 척부인(戚夫人)을 잡아들여 손발을 끊고 눈을 후벼내고 귀를 쌔고 말을 못하게 목이 쉬는 약을 먹여서 변소에 가둔 다음 사람 돼지라고 불렀던 사건.

⑦ 무고사(巫蠱事) : 무당을 불러 푸닥거리를 하여서, 귀신을 내려 사람을 해치도록 비는 일.

⑧ 소군(小君) : 임금의 부인.

⑨ 호분중랑장(虎賁中郞將) : 천자를 호위하는 군대를 거느리던 벼슬.

⑩ 상제(殤帝) : 후한 제 5 대 황제. 이름은 융(隆). 생후 백일이 지나 황제가 되었으나 1 년 만에 죽음.

⑪ 연연의 시(燕燕之詩) : 〈시경(詩經)〉 패풍(邶風)에 있는 시편. 위 장공(衛莊公)의 부인 장강(莊姜)이 자식이 없어 장공의 첩인 대규(戴嬀)의 아들을 양자로 삼아 왕위를 계승하게 하였으나 다른 첩의 아들에 의해 살해되었으므로 대규가 제 나라로 돌아가자 장강이 그를 보내며 슬퍼서 읊은 시.

⑫ 왕청개거(王靑盖車) : 황자(皇子)가 왕으로 봉해지면 타는 수레.

⑬ 보요(步搖) : 머리에 꽂는 장식.

⑭ 환패(環珮) : 허리에 차는 패옥(珮玉).

태명(太明) 태조(太祖)의 효자소헌 지인문덕 승천순성 고황후(孝慈昭憲至仁文德承天順聖高皇后)① 마(馬)씨는 송(宋)나라의 태보(太保)② 묵(默) 때부터 조상대대로 숙주(宿州)의 민자향 신풍리(閔子鄕新豊里)에 살면서 마을의 호걸로 지냈다.

아버지 마공(馬公)은 성격이 강직하며 사람을 사랑하

고 베푸는 것을 즐겼으며, 남이 위급한 처지에 있으면 서슴지 않고 정성껏 도왔다. 황후가 어릴 적에 어머니 정(鄭)씨는 일찍 세상을 떠났다. 아버지는 평소에 정원(定遠) 사람 곽자흥(郭子興)과 매우 절친한 사이로서, 황후를 그 집에 맡기고 죽자 자흥이 황후를 친딸처럼 길렀다.

황후는 어려서부터 정숙하고 단정한데다 효경스럽고 자혜로우며, 총명함이 남보다 뛰어나 시(詩)와 서(書)를 매우 좋아하였다. 비녀를 꽂아 태조 고황제의 빈(嬪)이 된 후, 정성스럽게 공경하는 모습이 사람들을 감동케 하였으므로 모두들 그를 기리었다.

심한 흉년이 들던 해에 황후는 황제를 좇아 군중에 있었는데, 이때 황후는 늘상 자신의 배고픔은 아랑곳하지 않고 말린 밥과 포육을 품었다가 황제에게 드리되, 식사를 거르게 한 적이 한 번도 없었다. 그리고 아무리 급박한 순간에 처할지라도 부도(婦道)를 따라 조심스럽게 행하였다. 황제는 늘 기록한 것이나 서찰을 황후로 하여금 보관하도록 하였는데, 급히 보고자 할 경우에는 지체없이 주머니에서 꺼내 바침으로써 조금도 소홀하거나 그릇되게 하지 않았다.

황제가 향을 사르며 하늘에 축원하기를 「부디 천명이 속히 내려져 천하의 백성들이 수고하지 않도록 하소서.」하였다.

　황후가 황제에게 말하기를「바야흐로 호걸들이 앞을 다투어 비록 천명이 돌아갈 곳은 알 수 없지만, 제가 보건대 오로지 사람을 죽이지 않는 것을 근본으로 삼고, 쓰러진 사람은 도와 주며, 위급한 사람은 구해 주면서 인심을 수습한다면, 인심이 가는 곳에 바로 천명이 있으리라 생각됩니다. 이에 따르지 않고 저들처럼 사람을 죽이거나 노략질을 하여 인심을 잃는다면, 하늘의 미움을 받게 되어 그 몸마저 보존키가 힘들 것입니다.」하였다.

　황제가 이르기를「그대의 말이 내 뜻과 같은 것이오.」하더니 다음날 비를 무릅쓰고 돌아와 황후에게 이르기를「어제 들은 그대의 말이 마음속에 남아 잊을 수가 없었소. 한 병졸이 군령을 어기고 홀연 부인과 함께 있으므로 그자를 힐문하자, 감출 수 없었던지 노략질하여 얻은 것이라고 실토하였소. 내가 그자에게 이르기를 '이제 용병(用兵)은 난행을 금하는 것이다. 만일 다른 사람의 아내를 과부로 만들고 다른 사람의 자식을 고아로 만들면 마치 난을 일으키는 것과 같으니, 즉시 버리지 않는다면 내 필히 너를 죽이고야 말겠다' 하자 이 병졸이 뉘우치고 결국 그를 버리게 되었소. 이는 바로 그대의 말을 들었기 때문이오.」

황후가 말하기를 「마음쓰심이 그러하신데 어찌 인심이 돌아오지 않을까 염려하십니까.」

황후가 처음에는 자식을 두지 못했으므로, 황제의 형님 아들인 문정(文正)과 여동생의 아들인 이문충(李文忠)과 목영(沐英) 등 여러 아이들을 보살펴 길렀는데, 마치 친자식처럼 지극히 사랑하였다. 후에 태자와 여러 아들을 낳았지만, 그와 같은 은혜 베푸는 일에는 변함이 없었다.

황제가 군사를 거느리고 강을 건넜을 때, 황후도 군사들의 처첩(妻妾)을 거느리고 뒤이어 태평(太平) 땅으로 가고 있었다. 건강(建康)에 눌러 있을 때에는, 오(吳)나라와 한(漢)나라의 경계에 처하게 되어 하루도 전쟁이 끊이질 않았으므로 몸소 잉첩들을 거느리고 옷과 신발을 다시 꿰매어 주며, 군사들을 돕는 일로 밤에도 잠을 이루지 않았다. 또한 틈나는 대로 왕의 계략을 도와서 처리하는 일마다 합당하게 하였다.

홍무(洪武) 원년 봄 정월에 황제가 즉위하면서 황후로 책봉하고, 이어 시신(侍臣)들에게 다음과 같이 말하였다.

「옛날에 한(漢)나라의 광무(光武)가 풍이(馮異)③의 노고를 위로할 때 '창졸간에 무루정(蕪蔞亭) 콩죽과 호타하(滹沱河) 보리밥④을 가져다 바치던 두터운 뜻을 오래

도록 갚지 못하였다'고 말하였으므로, 군신간에 그 뜻
이 오랫동안 전해 내려왔다고 한다. 내가 황후를 생각
하는 까닭은 베옷을 입던 때부터 고락을 함께하며, 항
상 나의 뒤를 따라 군중에 기거하면서, 창졸간에도 자
기의 배고픔을 참고 마른 밥을 품었다가 나에게 주었
으니, 이는 콩죽과 보리밥에 비하여 보건대 그보다 더
욱 힘든 일이었기 때문이다. 또 옛날에 당 태종(太宗)
의 장손황후(長孫皇后)가 은(隱) 태자와의 사이에 틈이
생겼을 때, 안으로는 온 정성을 기울여 효도하고 여러
왕비들을 조심스럽게 섬겨서 증오와 시기심이 사라지
게 하였다고 한다. 내가 자주 황후의 수양아비 곽씨의
의심하는 바에서 내 뜻을 바로 하고 근심치 않음은, 장
수와 병졸이 간혹 의복이나 일용품 따위를 바칠 때에
황후는 먼저 곽씨에게 바치어 그 뜻을 위안하여 기쁘
게 하려고 애쓰며, 또한 나를 해하고자 할 때에는 황
후가 재빨리 계책을 마련하여 끝내 화를 입지 않게 하
였기 때문이다. 이 또한 참으로 장손황후에 비하기 어
려운 것이다. 내가 혹 의복과 거마 따위로 인하여 사
소한 허물을 노여워하고 꾸짖을라치면 으례 나에게 말
하기를 '폐하께서는 옛날의 가난하고 비천했던 시절을
잊으셨는지요?' 하고 깨우쳐 주어 나를 깜짝 놀라게
하였다. '집안의 어진 아내는 나라의 어진 재상과 같

다'고 하였으니, 어찌 잊을 수 있단 말인가?」

　조회(朝會)가 파한 후에 그 내용을 황후에게 말하니, 황후가 답하기를 「제가 들은 바에 의하면 부부간에는 서로 보전하는 것이 쉽고, 군신간에는 서로 보전하는 것이 어려운 줄 아옵니다. 폐하께서 이미 가난하고 천하게 지내던 때의 저를 잊지 않으시니 필히 군신들과 백성들이 곤궁에 처했던 때도 잊지 않으시리라 믿습니다. 그리고 저를 어찌 감히 장손황후의 어지심에 비교할 수 있사오리까? 오로지 폐하께서 요·순의 법으로 사시기를 원할 따름이옵니다.」 하였다.

　황후는 이미 궁중에서 정위한 후에도 더욱 부지런히 힘써 궁첩들을 살피고, 여자의 일을 다스렸으며, 아침 일찍 일어나 밤이 깊어서야 잠자리에 들되, 한시도 게으른 적이 없었다. 황제께 어진 이와 친하고 힘써 배우도록 권하였고, 일의 형편에 따라 간하였으며, 또한 옛사람의 교훈을 익히고 구하여 육궁(六宮)에 깨우쳐 주되 조금도 게을리하지 않았다.

　어느 날 여사(女史)⑤와 청강(淸江)의 범유인(范孺人)⑥ 등을 불러모은 후 묻기를 「한(漢)나라와 당(唐)나라 이래로 어느 황후가 가장 어질고, 가법은 어느 대(代)가 가장 바르다고 생각하는가?」

　대답하여 이르기를 「오직 조(趙)나라와 송(宋)나라의

여러 황후들이 대개 어질고 가법이 가장 바르다고 생각됩니다.」

그러자 황후가 여사에게 그 가법과 어진 행적을 기록하도록 명한 후에 항상 그것을 외게 하여 듣고는 이르기를 「단지 나를 위한 지금의 법에 그칠 것이 아니라, 자손과 임금과 후비(后妃)들이 모두 반드시 살펴볼 필요가 있는 것이니 가히 만세의 법이라 할 수 있을 것이다.」 하였다.

때때로 이르기를 「송나라는 인후(仁厚)에 있어 지나친 것 같습니다.」라고 하자, 황후가 답하기를 「인후에 지나친 것이 오히려 각박한 것보다는 나으며, 자손이 진실로 능히 인후로 그 근본을 삼는다면, 어렵지 않게 3 대까지 미칠 수 있을 것이다. 또한 비록 인후가 지나치더라도 어찌 나라에 해를 입히겠는가.」 하였다.

황제가 일찍이 황후에게 이르기를 「임금은 온갖 책임을 짊어진 터이니, 한 남자가 자기의 할 바를 다하지 못할지라도 임금의 책임이라 할 수 있는 것이오.」 하자, 황후가 곧 일어나 절하며 말하였다.

「제가 듣자하니 옛 사람이 이르기를, 한 남자가 자기의 할 바를 다하지 못하면 '이는 바로 나의 죄 때문이다' 하였고, 한 백성이 배고파하면 '이는 바로 내가 배고프게 한 것이다' 하였다고 합니다. 그런데 폐하의 말씀이 곧 옛 어른의 뜻과 같습니다. 삼가 성스런 마음에 이르시어 배고파하는 백성에게 은혜를 베푸시면 천하가 그 복을 입을 것이며, 저도 함께 참여하여 영화롭게 될 것이옵니다.」

또한 일찌기 황제에게 조용히 말하였다.

「임금께서 비록 밝은 성인의 자질을 갖추고 계실지라도, 능히 홀로 천하를 다스릴 수는 없는 것이니, 반드시 어진 사람을 택하여 다스림을 꾀하여야 합니다. 그러나 세대가 더욱 아래로 갈수록 재주있는 사람을 찾기 힘드니, 폐하께서는 인재를 택하심에 있어 능히 각자의 장점과 단점을 따라 쓰시도록 하십시오. 그러나 더욱 중요한 것은 하찮은 잘못됨을 사하여 주시면서 그 사람을 보전하는 것입니다.」

그러자 황제는 기뻐하며 그 뜻을 칭찬하였다.

어느 날 원(元)나라의 부고(府庫)⑦를 손에 넣어, 그 보화를 서울로 옮긴다는 말을 듣고 황제에게 묻기를 「원나라의 부고에서 무엇을 얻으셨읍니까?」

왕이 답하기를 「보화일 뿐이오.」

황후가 말하기를 「원씨가 이런 보화를 쌓아 두고서도 어찌하여 능히 지키지 못하고 잃어버렸읍니까? 재화나 보물만을 귀히 여기실 것이 아니라 폐하께서 각별히 보배로 여기실 것이 있습니다.」

왕이 이르기를 「황후의 뜻을 내 이제야 알겠소. 오직 어진 사람을 얻음으로써 보배로 삼으라는 그 뜻을 말이오.」

황후가 곧 절을 올리고 감사하며 말하였다.

「진실로 성인의 말씀과 같습니다. 제가 항상 살펴보건대, 사람이란 생활이 풍족해지면 교만해지고, 명(命)이 좋으면 인생을 편안히 여기니, 집과 나라가 같다고는 할 수 없지만 그 이치는 다르지 아니하며, 사람이면 누구나 지니고 있는 인정을 당연히 깊이 경계하여야 합니다. 제가 폐하와 더불어 구차하게 지내다가 이제 이같은 부귀를 얻고 보니 교만과 방종이 사치에서 비롯되며, 위기에 처하여 멸망에 이르는 것이 매우 작은 데에서 비롯됨을 늘 염려하게 됩니다. 이런즉 세상에 전해 오기를 '기교는 나라를 상하게 하는 도끼에 비할 수 있고 주옥은 마음을 방탕하게 하는 짐독(鴆毒)⑧에 비할 수 있다'고 하였는데 참으로 이 말이 옳다고 여겨집니다. 오직 어질고 재주가 뛰어난 자를 곁에 두어서 아침 저녁으로 격의 없이 의견을 나누며 천하를 두루 안전하게 보호함이 곧 큰 보화이며, 만세에 이름이 드러나게 하는 것 또한 큰 보화이니, 어찌 그것을 물질에 비교할 수 있겠읍니까?」

그러자 황제가 이르기를 「과연 옳은 말이오.」 하였다.

　　건청궁(乾淸宮)에 황제와 더불어 앉아 있을 때에는 말
이 으례 가난하던 시절에 미치더니, 황제가 이르기를
「내가 그대와 함께 갖은 고초를 다 겪고 다니며 이제
한 가정을 일으키어 한 나라를 이룩해 놓았지만 이는
결코 마음속으로 얻으려 한 바는 아니었소. 위로는 하
늘의 덕과 조종(祖宗)의 은혜로움에 대하여 감사하나
그대의 내조의 공 또한 큰 것이었소.」하였다.

　　황후가 말하기를「폐하의 백성을 구하고자 하신 한
결같은 생각이 황천에까지 닿아 천명이 돌아보시고 조
종이 도우신 것이지 저에게 어찌 그런 힘이 있었겠읍
니까. 오직 폐하께서는 가난한 시절을 잊지 마시고, 편
안한 날을 경계하시길 바랄 뿐입니다. 저 또한 근심과
재난 가운데서 좇던 일을 잊지 아니하며 아침 저녁으로
삼가도록 하겠읍니다. 그리하면 천지의 조상이 오직
오늘만 은혜를 베푸는 것이 아니라 장차 자손 대대로
복이 그치지 않을 것입니다.」하였다.

　　황제에게 올리는 모든 음식을 황후가 친히 살펴보자
궁인이 아뢰기를「궁중에 사람이 많사온바 옥체를 번
거롭게 하심은 옳지 않습니다.」하였다.

　　황후가 이르기를「나 또한 궁중에 사람이 있는 줄은
알고 있으나 아내의 남편 섬김이 어찌 조심스럽지 않을
수 있으리. 또 황제께 올리는 음식이 반드시 정갈해야

만 하거늘, 만일 소홀하고 정성이 부족하여 너희들이
꾸지람을 듣게 된다면 어찌 내 마음이 편할 것인가. 내
가 이처럼 하는 까닭은 하나는 위를 공경하여 조금도
소홀한 점이 없게 하고자 함이요, 다른 하나는 너희들
로 하여금 책임을 면하게 하고자 함이거늘, 어찌 사람
이 없어서 몸소 행하겠느냐.」하였다. 그러자 궁인들
이 듣고 감격하며 모두 기뻐해 마지않았다.

황후는 여사로부터 서한(西漢)의 두태후(竇太后)가 황
노(黃老)⑨를 좋아하였다는 강론을 듣고 되묻기를 「황
노란 어떤 것을 이르는가 ?」

여사가 대답하기를 「맑고 깨끗하며 아무것도 하지
않음을 그 근본으로 삼으니, 인을 끊고 의를 버려 백
성이 효도하고 인자함으로 돌아가게 하는 것과 같습니
다.」하였다.

황후가 이르기를 「당치도 않소. 효도하며 인자한 것
이 곧 인의(仁義)의 일이거늘 인의를 끊고서 어찌 효도
하며 인자할 수 있단 말이오 ? 인의는 바로 다스리는
것의 근본으로 삼아야 하거늘, 그것을 끊고 버리라 하
는 것은 이치에 어긋나는 일이 아닌가.」하였다.

황후가 〈소학〉을 외게 하고 귀 기울여 들으시다가 이
윽고 황제에게 아뢰기를 「〈소학〉은 말을 깨닫기 쉽고
일을 행하기 쉬우며, 또한 사람의 도리에 대하여 갖추

지 못한 바가 없으니, 참으로 성인의 가르치심이 법이
라 할 수 있읍니다. 그러하거늘 어찌 문장으로 나타내
어 밝히지 않으십니까?」

황제가 이르기를 「옳은 말이오. 내가 이미 친왕과 부
마⑩와 대학생(大學生)에게 모두 그것을 강론하며 읽도
록 일렀소.」하였다.

황후는 일찌기 원 세조(元世祖)의 황후가 낡은 활줄
을 삶아서 사용했다는 이야기를 듣고는 그것을 가져오
도록 명한 후에 자신도 또한 삶고 마전하여 그것으로
베를 짰고, 홑이불을 만들어 외로운 노인들에게 은혜
를 베풀었다. 또 항상 의복을 만들고 남은 천조각들을
이어서 수건과 요를 만들면서 이르기를 「몸이 부귀한
곳에 있을 때에는 모든 물건을 마땅히 아껴야 하는 법
이니, 물건을 함부로 낭비하는 것을 옛 사람들은 심히
경계하였었다.」

베를 짜는 사람들이 실을 다스리다가 거칠어서 못쓰
는 것들이 있으면, 그것 또한 주워다 이어서 베를 짰
고, 그것을 여러 왕비와 공주들에게 나누어 주며 이르
기를 「부귀한 곳에서 태어나고 자랐으나 마땅히 누에
치고 뽕을 심는 것의 어려움을 알아야 한다. 이것이
비록 버려질 것이긴 하지만, 민간에서는 이런 것마저
도 얻기 힘들 것이다. 그런 연유로 너희들에게 짜서

보이는 것이니 부디 명심하도록 하여라.」하였다.

황후는 평상시에는 깨끗이 빤 옷을 입되 사치스럽거나 화려한 것을 좋아하지 않았으며, 이불과 홑이불이 비록 낡아 사용할 수가 없어도 선뜻 버리려고 하지 않았다. 이를 보고「천하의 지극한 귀와 지극한 부를 누리시면서, 이를 아까와하심은 어인 일입니까?」하고 말하는 사람이 있었다.

황후가 이르기를「내가 듣기로는 옛날 후비(后妃)들은 다 부유하였으나 매우 검약하였고, 귀하였으나 참으로 부지런하여 책에 실리어 길이 칭송받고 있다. 무릇 사치한 마음은 쉽게 생기고 높은 자리는 처신하기가 어려운 것이니, 결코 잊지 말아야 함이 근검이요, 끝내 믿지 말아야 할 것이 부귀이다. 근검의 마음이 한번 잘못 옮겨지면 화복(禍福)에 지대한 영향을 미치게 되나니, 언제나 이 점에 대해 염려하고 자중하며 함부로 소홀한 마음을 갖지 않도록 힘써야 한다.」

궁인에게 허물이 있어서 왕이 진노하시게 되거늘, 황후도 역시 진노하여 주위 사람에게 명하기를「궁정사(宮正司)⑪에게 일임하여 죄를 문책토록 하라.」고 하였다.

왕이 노여움을 풀고 황후에게 묻기를「그대가 친히 문책하여 벌을 내리지 않고 궁정사에게 맡겨 다스림은 어인 일인가?」

황후가 대답하였다.

「제가 들으니 상을 내리고 벌을 주는 것이 비록 공평한 처사라 할지라도 족히 사람을 굴복케 하는 것이므로, 이런 까닭에 기쁠 때에도 상을 내리지 않고, 또한 노여울 때에도 형벌을 가하지 않으니, 기쁘고 노여울 때에 상벌을 행하면 반드시 어느 한쪽으로 치우쳐서 그 사사로움에 대해 말하게 될 것이 분명하기 때문입니다. 궁정사에게 맡기면 경중을 가려서 공평하게 처리할 것입니다. 천하를 다스리는 자가 어찌 일일이 상벌을 내릴 수 있겠읍니까? 오직 관리가 그것을 논할 따름입니다.」

그러자 황제가 묻기를 「그대 또한 노함은 어인 일인가?」

황후가 대답하기를 「폐하께서 노하셨을 때에 문득 몸소 벌을 내리신다면 한갓 궁인에게 중한 죄를 씌우게 될 것이며, 또한 폐하의 중후하신 그 기운에 해를 입게 될 것입니다. 그러므로 저 또한 노한 것은 폐하의 노여움을 풀고자 함이었읍니다.」하자 왕이 기뻐하였다.

황후가 시부모를 미처 섬기지 못한 것을 한스럽게 여겨서 황제가 애틋하게 그리워하는 모습을 보면 황후

역시 함께 눈물을 흘렸으며, 아침 저녁으로 위적(褘翟)⑫을 입고 황제를 좇아 봉선전(奉先殿)에 배알하고, 매번 제사가 돌아오면 친히 음식을 마련하며, 온 정성을 다하여 지극히 공경하였다. 비빈(妃嬪) 이하를 대접함에 있어서도 은혜롭게 하였으며, 총애를 입어 자식을 둔 사람은 더욱 후하게 대접하였다.

또 여러 왕비와 공주에게 이르기를「공도 쌓지 않고 복을 받으려 하면 하늘의 미움을 사게 된다. 내가 너희들과 함께 금실로 수놓은 비단옷을 입고 좋은 음식을 먹으며 온종일 하는 일이 없으니, 반드시 여자의 일에 부지런히 힘써, 하늘에 보답해야만 한다.」하였다.

태자와 여러 왕비들을 사랑하심이 심히 두터웠으나 항상 학문에 힘쓰도록 끊임없이 명하였고, 그 타이르심이 간절하고 지극하였다. 일찌기 이르기를「네 아버지께서 만방에 존경스럽게 임하여 태평함을 누림은 또한 학문으로 인하여 모은 것이기도 하니, 너희들은 자식 된 도리로 마땅히 오래도록 학문을 이어받아야 하며, 자식으로서 부모를 욕되지 않게 하여야 한다.」하였다.

또 이르기를「여사의 말을 듣자 하니, 등우(鄧禹)⑬가 장군으로 있을 때에 함부로 사람을 죽이지 않았으므로 그 딸이 황후가 되었다고 한다. 우리 가문은 대대로 충

직하고 후덕하였으며, 내 아버지에 이르러 비록 등우
와 같은 공은 없다 할지라도 평생토록 의를 중히 여겼
으니 오늘날 내가 황후가 된 것도 우연한 일이 아닌 것
이다. 너희들은 훗날 백성과 사직을 이끌어 가야 할
몸이니, 충직하고 후덕함이 더욱 많이 쌓여야만 자손
대대로 길이 번영할 것이다. 절대로 자신을 믿고 한순
간도 덕을 소홀히 여기지 말아야 하며, 일이란 힘쓰자
않아도 잘 되는 것이라고 믿어서는 안 된다. 너희들은
잠시라도 이를 잊는 일이 없도록 하여라.」하였다.

여러 왕자들이 혹 의복이나 기물 등의 좋은 것을 숭
상하려 들면 황후는 이렇게 말하였다.

「당요(唐堯)⑭와 우순(虞舜)⑮은 때로 지붕을 이으시고
흙으로 계단을 만드셨으며, 하(夏)나라의 우왕(禹王)과
문왕(文王)은 거친 옷을 걸치고 미천한 복장을 하셨
다. 너의 아버지는 검박하여 사치하고 화려한 것을 그
릇되이 여기시며, 밤낮으로 부지런히 힘써 천하를 다
스리고 계시거늘, 너희들은 공을 세우지도 못하면서 비
단옷을 입고 맛있는 음식을 구하면서도 오히려 의복이
나 거마 따위를 더 얻고자 하니, 어찌 이처럼 뜻과 가
개가 서로 다를 수 있단 말인가. 오로지 스승과 가까
이 지내고 친구를 사귀어 성현의 학문을 강론하여 마
음을 열고 밝게 한다면, 자연히 이런 기운과 버릇은

사라지게 될 것이다.」하였다.

황후가 아랫사람을 자애롭게 대하였으므로, 친척과 공신들의 집이 모두 기쁨을 금치 못하였다. 사대부의 아내들이 들어가 뵈올 때에는 존귀함으로 임하지 않고 일상적인 집안의 예로써 대하였다.

가뭄과 흉년이 든 해에는 수라를 올릴 때에 반드시 보리밥과 들나물을 올리도록 하였다.

황제가 재난을 구하기 위한 대책에 관하여 언급하였으므로 황후가 말하기를 「제가 들은즉 가뭄이 없던 시절이 없었다 하니, 가난을 구하는 가장 좋은 방법은 사전에 대비하여 저축하는 것인 줄 아옵니다. 불행히도 9년 동안 홍수가 계속되고, 7년 동안 가뭄이 계속된다면 장차 어떤 방법으로 그들을 구제할 수 있겠읍니까?」

황제는 심히 옳다고 여기었다. 황후가 또 황제에게 말하기를 「은혜를 베푸는 것은 넓게 펼치고자 하건만 역시 차이가 생기는 법이므로, 많은 백성들에게 매일 준다는 것은 참으로 힘든 일이 아닐 수 없읍니다. 게다가 서울에 거처를 둔 벼슬아치들은 고향과의 거리가 일정하지 않고, 집안의 살림 형편 또한 다르건만 녹봉은 한정되어 있으니, 혹시 녹봉을 제때에 주지 못하면 틀림없이 큰 곤란에 처할 것이며, 더위와 비와 혹독한 추위를 만나서 행여 한숨짓게 되지 않을까 염려스럽습니다.」하였다. 황제가 그 뜻에 더욱 감동하여, 사람을 보내어 사정을 물어 가며 두루 살피었다.

황제를 곁에서 가까이 모시는 신하들과 여러 주사관(奏事官)들이 조회가 파한 후 중정 뜰에 모여 식사를 하게 되었을 때 황후가 내관에게 그 밥을 가져오게 하여 친히 맛보았는데 음식 맛이 과히 좋지 않았다. 그러자 이를 황제께 아뢰었다.

「조정은 하늘에서 내리는 녹을 사용하여 천하의 어진 사람들을 봉양하므로 자신을 받드는 데는 박하게 하고, 어진 사람들을 봉양하는 데는 풍부하게 하고자 하였읍니다. 이제 음식을 관장하는 관리가 아랫사람을 소홀히 다스려 오로지 위로 진상하는 것만을 달고 맛있게 하며 군신의 음식은 모두 맛이 그에 이르지 못하니, 어찌 폐하께서 어진 사람의 뜻을 받든다고 할 수 있겠읍니까.」

황제가 이르기를 「음식 만드는 일에까지 내 뜻이 마치지 못하였으므로 당연히 군신들이 모두 달고 맛있는 것을 먹고 있다고 여기었소. 어찌 관리가 함부로 후하고 박하게 차별했으리라고 생각이나 하였겠소. 또한 생각해 보건대 군신들이 이 말을 입밖에 내기가 심히 어려웠을 것이오. 일이 비록 지극히 작은 것이기는 하지만 관계된 바는 크니, 황후가 오늘 내게 일러 주지 않았던들 내 어찌 이를 알 수 있었겠소.」하고는 즉시 광록경(光祿卿)⑥ 서흥조(徐興祖) 등을 불러 문책하자, 흥조 등이 모두들 부끄러워하며 죄를 뉘우쳤다.

황제가 일찌기 대학(大學)에 나아가 전대(前代)의 현인인 공자를 제사지내고 돌아오자 황후가 묻기를 「대학생의 수가 얼마입니까?」

황제가 답하기를 「수천이 될 것이오.」

황후가 다시 묻기를 「모두들 집이 있읍니까?」

황제가 대답하기를 「대부분 있소.」

황후가 말하기를 「천하를 잘 다스리는 사람은 어진 것을 으뜸으로 삼거늘 이제 인재가 많다고 하신 것을 들으니 매우 기쁜 일이긴 합니다. 하오나 생원(生員)에게만 대학에서 양식을 주고 처자에게는 지급치 않으니 어찌 저들이 불평하지 않겠읍니까?」하자, 황제는 즉시 명하여 법을 정하고 매달 그들의 집에 양식을 지급하게 하였다.

황후는 일찌기 황제에게 이렇게 말하였다.

「일을 얻고 잃음은 무릇 임금의 마음이 옳고 그름에 근본이 있으며, 천하의 안정과 위험은 모든 백성들이 괴로와하는가 즐거워하는가에 달려 있읍니다.」

또 말하기를 「법이 자주 바뀌면 반드시 폐단이 생겨

나고, 법에 폐단이 생기면 사악한 일들이 생겨나며, 백
성들을 자주 어지럽게 하면 반드시 괴로움이 생기나니
백성이 괴로우면 곧 난이 일어나게 됩니다.」

　황제는 황후의 이 모든 말을 여사로 하여금 기록하
게 하였다.

　황후가 앓아 눕게 되자 황제가 편히 침식을 하지 못
하다가 이를 군신들에게 말하였다. 군신들이 산천에
기도하여 빌고 이름난 의원을 두루 구하기를 청하자,
황후가 이를 듣고 황제에게 말하기를 「제가 평생토록
앓아 누운 적이 없었는데 이제 하루아침에 병을 얻어
이와 같이 되었으니, 생각하건대 다시 일어날 수 없을
것 같습니다. 생사는 하늘의 명에 달려 있거늘, 기도를
하고 의원을 구한들 어찌 도움이 될 수 있겠읍니까?」
하였다.

　병이 회복되기 어렵자 황제가 묻기를 「그대가 죽기
전에 부탁할 일이 무엇이오?」

　황후가 말하기를 「폐하께서 저와 더불어 베옷을 입
고 지내다가 흥하시어 오늘날 많은 백성의 주인이 되
시고, 제가 많은 백성의 어머니가 되어 존귀와 영화가
지극한데 더이상 무엇을 바라겠읍니까. 오직 바라옵기
는 천지와 조정에 감사하며 베옷을 입던 때를 잊지 않
으시는 것뿐입니다.」 하였다.

황제가 다시 묻자, 황후가 답하기를「폐하께서는 반드시 어진 사람을 구하시어 그가 간하는 것을 받아들여서 정사를 밝게 하시고 태평을 이루셔야 합니다. 또한 여러 왕자들을 가르치시어 그들로 하여금 덕스럽게 하시고 왕업을 닦도록 하시옵소서.」하였다.

황제가 이르기를「나도 또한 그렇게 하여야 한다는 건 알고 있는 터이나, 늙은 몸이 어찌 다 챙길 수 있단 말이오.」

황후가 다시 말하기를「생사는 하늘의 명이니, 원컨대 폐하께서는 삼가며 끝마침을 처음과 같이 하시옵소서. 자손들이 모두 어질게 하시고, 신하와 백성들이 자기의 할 바를 얻게 하신다면, 제가 비록 죽을지라도 살아 있는 것과 조금도 다를 바가 없읍니다.」하고는 이윽고 돌아가셨다. 그때 황후의 나이 쉰 하나로서 홍무(洪武) 임술(壬戌) 팔월 병술(丙戌) 날이었다.

황제는 심히 섧게 울었고, 종신토록 새 황후를 세우지 아니하였다. 어느 날 황제가 일찍 조회를 파하시거늘, 내관과 여사가 다시 나아가 미처 아뢰지 못한 일을 아뢰자 황제가 쓸쓸한 모습으로 슬픈 듯이 말하였다.

「황후가 살아 있다면 내 어찌 이같은 번거로움을 듣겠는가.」

황후가 살아 있었을 때에는, 내정만큼은 황제로 하여금 전혀 번거롭지 않게 하였으므로 황제는 아주 편안히 지낼 수 있었던 것이다. 이런 연유로 황제는 더욱 서러움을 이기지 못하였다.

大明太祖孝慈昭憲至仁文德承天順聖高皇后馬氏는 其先이 自宋太保默으로 家于宿州閔子鄕新豊里하여 世豪里中하더니 父馬公이 性이 剛直하고 愛人喜施하여 賙人之急하되 如將不及하더라. 母鄭氏早卒하거늘 后가 幼이시더니 父가 素與定遠人郭子興으로 爲刎頸之交이러니 遂以后로 託其家하고 父가 卒하거늘 子興이 育后하되 同己女하더라. 后가 自少로 貞靜端一하시며 孝敬慈惠하시며 聰明이 出人意表하시어 尤好詩書하시더니 旣笄하셔 嬪于太祖高皇帝하셔 誠敬이 感孚하셔 內外咸譽之하더라. 値歲大歉하여 后가 從帝在軍하셔 嘗自忍飢하시고 懷糗餌脯脩하셔 供帝하셔 未嘗乏絕하시며 造次顚沛에 恪遵婦道하시더니 帝每有識記書札이거든 輒命后藏之하시고 倉卒取視거시든 后가 卽於囊中에 出而進之하셔 未嘗脫誤하시더이다. 帝焚香祝天하시되 願天命이 早有所付하여 毋苦天下生民하소서 하시거늘 后가 謂帝曰하시되 方今에 豪傑이 並爭이라. 雖未知天命所歸나 以妾觀之하건대 惟以不殺人으로 爲本하여 顚者를 扶之하며 危者를 救之하여 收集人心하면 人心所歸卽天命所在니 彼縱殺掠하여 以失人心하면 天之所惡이라. 雖其身이나 亦難保也이니이다. 帝曰하시되 爾言이 深合我意하다 하시고 明日에 冒雨歸하셔 語后曰하시되 昨聞爾言하니 往來方寸閒하여 不能忘이로다. 有一卒이 違令하여 忽與婦人으로 俱이거늘 詰之하니 不能隱하여 吐實云하되 掠得之라 할 때 我가 告之曰하되 今日用兵은 所以禁亂이니 若寡人之妻하며 孤人之子하면 適以生亂하니 不卽舍之하면 吾必戮

爾하리라 하니 此卒이 感悟하여 遂即舍之하니 由爾之言也이라. 后가 曰하시되 用心이 如此하시니 何憂人心之不歸乎이리잇고. 后가 初에 未有子하셔 撫育帝가 兄子文正과 姊子李文忠과 及沐英等數人하시되 愛如己出하시더니 後에 太子諸王이 生하여도 恩無替焉하시더니 帝帥師渡江하실 때 后가 亦率諸將士의 妻妾하셔 繼至太平이라 하시니 及居建康하셔 時에 吳漢이 接境하여 戰無虛日이러니 親率妾勝하셔 完緝衣鞋하셔 助給將士하셔 夜分不寐하시며 時時에 左右帝規畫하셔 動合事機하시더이다. 洪武元年春正月에 帝即位하셔 冊爲皇后하시고 因謂侍臣曰하시되 昔에 漢光武가 勞馮異曰하시되 倉卒에 蕪蔞亭豆粥과 滹沱河麥飯厚意를 久不報이라 하셔 君臣之間이 始終保全하니 朕이 念皇后가 起布衣하여 同甘苦하며 嘗從朕在軍하여 倉卒에 自忍飢餓하고 懷糗餌하여 食朕하니 比之豆粥麥飯하건대 其困이 尤甚하니라. 昔에 唐太宗의 長孫皇后가 當隱太子構隙之際하여 內能盡孝하며 謹承諸妃하여 消釋嫌猜하니 朕이 數爲郭氏의 所疑하여 朕이 徑情不恤하니다. 將士가 或以服用으로 爲獻이거든 后가 先獻郭氏하여 慰悅其意하며 及欲危朕하여는 后가 輒爲繝縫하여 卒免於患하니 殆又難於長孫皇后者하니라. 朕이 或因服御하여 詰怒小過이거든 輒謂朕曰하되 主가 忘昔日之貧賤耶하거든 朕復愓然하노라. 家之良妻가 猶國之良相하니 豈忍忘之리요 하시고 罷朝하셔 因以語后하신대 后가 曰하시되 妾은 聞夫婦相保는 易하고 君臣相保는 難이라 하니 陛下가 旣不忘妾於貧賤하시니 願無忘群臣百姓於艱難하소서. 且妾은 安敢比長孫皇后의 賢이리잇 但願陛下가 以堯舜으로 爲法耳로이다. 后가 旣正位中宮하셔 益自勤勵하셔 督宮妾하셔 治女工하셔 夙興夜寐하셔 無時豫怠하시며 勸帝親賢務學하시며 隨事幾諫하시며 講求古訓하셔 諭告六宮하시되 孜孜不倦하시더이다. 一日에 集女史清江范孺人等하셔 問曰하시되 自漢唐以來로 何后가 最賢이며 家法은 何代最正하고 對

曰하되 惟趙宋諸后가 多賢하며 家法이 最正하니이다. 后가 於是에 命女史하서 錄其家法賢行하여 每令誦而聽之하시고 曰하시되 不徒爲吾의 今日法이라 子孫帝王后妃皆當省覽이니 此가 可以爲萬世法也이로다. 或曰하되 宋朝가 過於仁厚라 한대 后가 曰하시되 過於仁厚가 不猶愈於刻薄乎아 吾子孫이 苟能以仁厚로 爲本이면 至於三代不難矣니라. 仁厚가 雖過이나 何害於人之國哉리오. 帝嘗謂后曰하시되 君者는 百責所萃이니 一夫가 不得其所이라도 君之責也이라 하시거늘 后가 即起拜曰하시되 妾은 聞하니 古人이 有云하되 一夫失所가 時予之辜라 하며 一民이 饑하거든 曰我가 饑之라 하고 一民이 寒하거든 曰我가 寒之라 하니 今陛下之言이 即古人之心이로소이다. 致謹於聖心하서 加惠於窮民하시면 天下가 受其福하며 妾亦與有榮焉하리이다. 又嘗從容告帝曰하시되 人主가 雖有明聖之資이나 不能獨理天下이라. 必擇賢以圖治하나니 然이나 世代愈降하여 人無全材하니 陛下가 於人材에 固能各隨其短長而用之하시나니 然이나 尤宜赦小過하서 以全其人이니이다. 帝喜하서 稱善하시다. 一日에 聞得元府庫하여 輸其貨寶하여 至京師하시고 問帝曰하시되 得元府庫何物이잇고 帝曰하시되 寶貨耳라 后가 曰하시되 元氏有此寶하되 何以不能守而失之잇고 盖貨財가 非可寶이라. 抑帝王이 自有寶也이니이다. 帝曰하시되 皇后之意를 朕이 知之矣와라 但謂以得賢으로 爲寶耳로다. 后가 即拜謝曰하시되 誠如聖言하시더이다. 妾이 每見人家가 産業이 厚則驕至하고 時命이 順則逸生하나니 家國이 不同하나 其理는 無二하니 人之常情이 所當深戒니이다. 妾이 與陛下로 同處窮約이다가 今에 富貴至此하니 恒恐驕縱이 生於奢侈하며 危亡이 起於忽微하나이다. 故로 世傳하되 技巧가 爲喪國斧斤이오. 珠玉이 爲蕩心鴆毒이라 하니 誠哉라, 是言이여 但得賢才하여 朝夕啓沃하여 共保天下하며 即大寶也이니 顯名萬世하며 即大寶也이니 而豈在於物乎이리잇고, 帝曰善하니 嘗

侍坐乾淸宮하셔서 語及窮約時事이러시니 帝曰하시되 吾與爾로 跋沙艱難하여 備嘗辛苦하니 今日에 化家爲國은 無心所得이라 上感天地之德과 祖宗之恩하노니 然이나 亦爾의 內助之功也이라 后가 曰하되 陛下一念救民之心이 格于皇天하셔서 天命이 眷之하시며 祖宗이 祐之하시니 妾은 何力之有이리잇고 但願陛下가 不忘於窮約之時하셔서 而警戒於治安之日하소서. 妾亦不忘相從於患難하여 而謹飭於朝夕하리니. 則天地祖宗이 非惟庇祐於今日이라 將爲子孫無窮之福耳니이다. 帝凡御膳을 后가 必躬自省視하시더니 宮人이 請曰하되 宮中人衆하니 無煩聖體하소서. 后가 曰하시되 吾가 固和宮中에 有人이거니와 但婦之事夫는 不可不謹이며 膳羞上進은 不可不蠲潔이니 脫有不至하여 汝輩受責하면 吾心이 豈安이리오. 吾所以爲此者는 一以敬上而不敢忽이오. 一以保汝輩하여 免於責也이니 豈爲無人耶이리요 하시니 宮人이 聞之하고 莫不感悅하더라. 后가 聞女史의 論西漢竇太后가 好黃老하시고 顧而問曰하시되 黃老는 何如오. 女史가 答曰하되 淸淨無爲로 爲本하니 若絶仁棄義하여 民復孝慈가 是也이니이다. 后가 曰하시되 不然하다. 孝慈가 卽仁義事也이니 詎有絶仁義而爲孝慈哉리요. 仁義는 乃爲治之本이거늘 乃曰絶之棄之라 하니 非理也이로다. 后가 令誦小學書하시고 注意聽之러시니 旣而오 奏曰하시되 小學書는 言易曉하고 事易行이라. 於人道에 無所不備하니 眞聖人之敎法이로소니 盍表章之잇고 帝曰然하다. 五已令親王과 駙馬와 大學生으로 咸講讀之矣로다. 后가 嘗聞元世祖后의 煮故弓絃事하시고 亦命取練之하여 織爲衾裯하셔서 以惠孤老하시며 每製衣裳하시고 餘帛을 緝爲巾褓曰하시되 身處富貴하여는 當爲天地惜物이니 暴殄天物은 古人의 深戒也이라. 織工이 治絲할 때 有荒類棄遺者이거든 亦俾緝而織之하여 以賜諸王妃와 公主하시고 謂曰하시되 生長富貴하여는 當知蠶桑之不易니 此雖荒類棄遺이나 在民間하여는 猶爲難得이니 故로 織以示汝하노니

不可不知也이라 하시더이다. 平居에 服澣濯之衣하시고 不喜侈
麗하시며 衾褥가 雖弊나 不忍易하시더니 有言於后曰하되 享天
下至貴至富하시니 何庸惜此리잇고. 后가 曰하시되 吾聞古之后
妃皆以富而能儉하며 貴而能勤으로 見稱於載籍하니 盖奢侈之心
은 易萌하고 崇高之位難處이리. 不可忘者가 勤儉이오 不可恃者
가 富貴也이니 勤儉之心이 一移하면 禍福之應이 響至하나니 每
念及此하고 自不敢有忽易之心耳로다. 宮人이 有過하여 帝怒之
거시든 后가 亦怒하셔 命左右하셔 執付宮正司하여 議罪하시더
니 帝怒解하셔 問后曰하시되 爾不自責罰하고 付之宮正司는 何
也오. 后가 曰하시되 妾은 聞賞罰이 惟公이라도 足以服人이라
하니 故로 不以喜而加賞하며 不以怒而加刑이니 喜怒之際에 而
行賞罰하면 必有偏重하여 人議其私이거니 付之宮正司이면 則
當斟酌其輕重矣리이다. 治天下者가 亦豈能人人을 自賞罰哉리잇
고 有司者가 論之耳니이다. 帝曰하시되 爾亦怒之는 何也오. 后
가 曰하시되 當陛下怒時하여 遽自罰之하면 非惟宮이 得重責이
라 陛下가 亦損中和之氣하시리니 故로 妾之怒者는 所以解陛下
之怒也이니이다. 帝喜하시다. 后가 以不逮事舅姑로 爲恨하셔 見
帝의 追慕悲傷하시고 亦爲之流涕하시며 晨夕에 褘翟으로 從帝
하셔 拜謁奉先殿하시며 每當祭하여 躬治膳羞하셔 務盡誠敬하시
며 接妃嬪以下有恩하시며 被寵顧有子者란 待之加厚하시더니 語
諸王妃와 公主曰하시되 無功受福이 造物의 所惡이니 吾與若屬
으로 被金繡하며 美飮食하고 終日無所늬 當勤女工하여 以報
造物者이라 하시며 太子와 諸王을 雖愛之甚篤하시나. 勉令務學
하셔 諄切懇至하시더니 嘗曰하시되 汝父가 尊臨萬國하셔 身致
太平은 亦由學以聚之니 爾小子는 當思繼繼繩繩하여 以不辱所生
이니라. 又曰하시되 吾聞女史가 言하니 鄧禹가 爲將하여 不妄
殺人故로 其女가 爲后이라 하니라. 吾가 家世忠厚하며 至吾父
하여 雖無禹之功하나 然平生에 急於義하더니 今日爲后가 非偶

然也이라. 汝輩는 異日에 有人民社稷之寄하니 尤必積累忠厚이
라도 乃可長世니 切不可自恃而不務德하고 謂事有偶然也이니 汝
가 切識之하라. 諸王이 或以衣服器皿으로 相尙者이거든 后가 曰
하시되 唐堯虞舜이 茅茨土階하시며 夏禹文王이 惡衣卑服하시니
汝父가 儉朴하셔 尤惡奢麗하시고 日夜憂勤하셔 以治天下하시니
汝輩無功하되 錦衣玉食하고 猶欲以服御로 相加하나니 何志氣不
同이 如是乎오 惟當親師取友하여 講論聖賢之學하여 開明心志라
도 自無此氣習也하리라. 后가 慈以接下하셔 親戚勳舊之家를 無
不得其懽心하시며 命婦가 入朝이거든 不以尊貴로 臨之하셔 延接
을 如家人禮하시더이다. 遇水旱歲凶하셔 進食에 必開設麥飯野
蔬하시더니 帝因告以賑恤之事이시거늘 后가 曰하시되 妾은 聞
水旱이 無時無之라 하니 賑恤之有方이 不如畜積之先備하니 卒不
幸하여 有九年之水와 七年之旱하면 將何法以賑之리잇고 하신대
帝가 深以爲然하시다. 嘗爲帝言하시되 施恩은 欲溥徧이나 然亦
有等差하니 衆庶늘 日給이 固有艱難이거니와 百官家在京者가 其
鄕里遠近이 不同하며 家貧富가 亦異하되 而俸入은 有限하니 慮
或不給하면 艱難이 必甚하여 遇暑雨祁寒하여는 輒形於嗟嘆하나
이다. 帝感其意하셔 每遣存問하셔 周給之하시더이다. 近臣及諸
奏事官이 朝罷하고 會食庭中이거늘 后가 命中官하셔 取其飮食
하여 親嘗之하시니 滋味凉薄不旨거늘 奏帝曰하시되 朝廷이 用
天祿하여 以養天下之賢하나니 故로 自奉은 欲其薄이오. 養賢은
欲其豊이니 今之典大烹者가 不能輯其下人하며 惟奉上者가 甘旨
오 群臣飮食이 皆不得其味하니 豈陛下의 養賢之意乎이리잇고 上
曰하시되 飮食之事는 朕이 不經心하여 將謂群臣이 皆得甘旨라
니 豈意所司가 自分厚薄이리요 想群臣이 欲言하고 又難於啓齒
로다. 事雖甚微나 所係亦大하니 皇后가 今日에 不言이면 朕이
豈知其如此이리요 하시고 亟召光祿卿徐興祖等하셔 切責之하시
니 興祖等이 皆慚服하니라. 帝嘗臨大學하셔 祀先師孔子하시고

還하시거늘 后가 問曰하시되 大學生이 幾何이잇고 帝曰하시되
數千이라 又問하시되 悉有家乎이잇가 曰하시되 亦多有之하니라.
后가 曰하시되 善理天下者는 以賢才로 爲本하나니 今에 人才衆
多하니 深足爲喜로소이다. 但生員이 廩食於大學하고 而妻子는
無所仰給하니 彼寧無所累於心乎이리잇가 帝即命月賜糧하여 給
其家한들 以爲常하시다. 嘗謂帝曰하시되 事幾得失은 本君心之
邪正하고 天下安危는 係民情之苦樂하나이다. 又曰하시되 法을
屢更하면 必弊하나니 法弊則姦生하고 民數擾하면 必困하나니 民
困則亂生하나니이다. 帝皆命女史하셔 書之하시다. 后가 得疾이
시거늘 帝寢食不安하셔 以語群臣하신대 群臣이 請禱祀山川하며
徧求名醫거늘 后가 聞하시고 謂帝曰하시되 妾이 平生에 無疾하
다니 今一旦에 得疾如此할 때 自度不能起하나이다. 死生이 有
命하니 禱祀求醫한들 何益之有이리잇고 及疾亟하셔 帝問曰하시
되 爾有身後之屬乎아. 后가 曰하시되 陛下가 與妾으로 起布衣
하셔 今日에 陛下가 爲億兆主하시고 妾이 爲億兆母하니 尊榮이
至矣니 尙何言이리잇고 惟感天地祖宗하여 無忘布衣而已니이다.
帝復問之하신대 后가 曰하시되 陛下가 當求賢納諫하시며 明政
敎하셔 以致雍熙하시며 敎育諸子하셔 使進德修業이니이다. 帝
曰하시되 吾已知之와라 但老身이 何以爲懷오. 后가 復曰하시되
死生은 命也니 願陛下가 愼終如始하셔 使子孫이 皆賢하며 臣
民이 得所하시면 妾이 雖死이나 如生也이니이다 하시고 遂崩하
시니 年이 五十一이시러니 洪武壬戌八月丙戌也이라. 帝慟哭하
시고 終身不復立后하니라. 帝嘗罷朝하시거늘 內臣과 女史와 更
進하여 奏事不已한대 帝悽然不懌曰하시되 皇后가 在면 吾豈有
此煩聒哉리오 하시다. 后가 在時에 內政을 一不以煩帝하셔 帝
從容甚適故로 不勝哀悼焉하시니라.

圖 ① 효자소헌지인문덕 승천순성 고황후(孝慈昭憲至仁文德承天順聖高

皇后) : 명나라 태조 고황제(高皇帝)의 마황후(馬皇后)를 가리키는 칭호. 일찍 부모를 여의고 곽자흥(郭子興)의 양녀로 있다가 곽자흥의 부하였던 주원장(朱元璋)에게 출가함.

② 태보(太保) : 삼공(三公)의 하나인 벼슬.

③ 풍이(馮異) : 후한 광무제(光武帝)의 공신. 자는 공손(公孫), 시호는 절(節). 맹진장군(孟津將軍)이 되어 양하후(陽夏侯)에 봉해짐.

④ 무루정 콩죽과 호타하 보리밥(蕪蔞亭豆粥 滹沱河麥飯) : 무루정은 하북성(河北省) 요양현(饒陽縣)의 호타하 강변에 있는 정자 이름. 호타하는 산서성(山西省) 번치현(繁峙縣)에서 발원하여 하북성(河北省)에서 백하(白河)로 흘러 들어가는 강. 후한(後漢)의 광무제(光武帝)가 계(薊)의 동남쪽에서 요양현의 무루정까지 군사를 이끌고 왔으나 혹한인데다 양식이 떨어져 모두들 허기에 지쳐 있을 때 풍이(馮異)가 콩죽으로 왕의 허기와 추위를 면하게 해주었고, 또 호타하를 건너 신도(信都)에 이르러서도 보리밥으로 왕의 허기를 채워 주었다고 함.

⑤ 여사(女史) : 글을 아는 여자로 황후의 예도와 궁중 안의 정사를 살피는 벼슬.

⑥ 범유인(范孺人) : 범은 성, 유인(孺人)은 대부의 부인을 가리킴.

⑦ 부고(府庫) : 궁중의 문서와 재보를 넣어 두는 곳집.

⑧ 짐독(鴆毒) : 짐새의 깃에 있는 독. 짐새는 중국의 남방에서 나는 독조로 온몸에 강한 독기가 있어서 분뇨나 깃이 음식에 잠긴 것을 먹으면 즉사한다고 함.

⑨ 황노(黃老) : 황제(黃帝)와 노자(老子)를 일컬음.

⑩ 부마(駙馬) : 부마도위(駙馬都尉)의 준말. 위진(魏晉) 이후에 임금의 사위는 부마도위가 되었으므로, 왕의 사위의 뜻으로 쓰임.

⑪ 궁정사(宮正司) : 궁중 안에서 일어나는 일을 다스리는 벼슬.

⑫ 위적(褘翟) : 황후가 선왕제(先王祭)할 때 입는 옷으로 꿩이 그려져 있음.

⑬ 등우(鄧禹) : 후한 창업기(創業期)의 공신. 자는 중화(仲華). 광무(光武)를 도와 천하를 평정하여 대사도(大司徒)에 봉해짐.

⑭ 당요(唐堯) : 태고의 성제(聖帝). 요는 시호. 요가 도당씨(陶唐氏)이기 때문에 이르는 말.

⑮ 우순(虞舜) : 태고의 성천자(聖天子). 성은 요(姚), 이름은 중화(重華). 순(舜)임금.

⑯ 광록경(光祿卿) : 음식을 관리하던 벼슬.

숙류(宿瘤)는 제(齊)나라 동곽(東郭)에 살며 뽕을 따던 여자였는데, 후에 민왕(閔王)의 황후가 되었다. 목에 큰 혹이 있었으므로 숙류라 부른 것이다.

처음에 민왕이 놀러 나갔다가 동곽에 이르렀을 때, 모든 백성들이 몰려나와 구경을 하건만 숙류만은 여전히 뽕 따는 일을 계속하므로 왕이 괴이하게 여겨 불러서 물어 보았다.

「내가 이곳에 놀러 나와 수레와 말을 모는 사람이 심히 많으므로 모든 백성들이 이를 구경하기 위하여 모여들거늘, 오로지 너만은 길가에서 뽕을 따되 한 번도 돌아보지 않으니 어인 일인가?」

숙류가 대답하기를 「저는 부모님의 가르침을 따라 뽕을 딸 뿐입니다. 대왕님을 바라보라는 가르침은 받은 적이 없읍니다.」

왕이 이르기를 「참으로 기특한 여자로구나. 애처롭도다, 숙류여!」하였다.

숙류가 말하기를 「천한 제가 할 바는 일단 맡겨진 일에 대하여는 두 마음을 먹지 아니하며, 또 주어진 일에 대해서는 잊지 아니함이니, 오직 마음속에 품은 뜻이 중요한 것이므로, 이 혹이 마음 상하게 하는 일은 없사옵니다.」하였다.

왕이 심히 기뻐하면서 「바로 이 여자가 어진 여자로

다！」하고는 뒤에 있는 수레에 태우도록 명하였다.

숙류가 말하기를「대왕님께서 그 힘을 믿어 부모님이 안에 계심에도 불구하고 저로 하여금 부모님의 가르침을 저버리고 대왕님을 따르라 하시면 이는 분방한 계집이 되게 하시는 일입니다. 대왕님께서는 이런 여자를 대체 어디다 쓰시렵니까？」하였다.

왕이 매우 계면쩍어하며 이르기를「내 생각이 옳지 않았구나.」하였다.

그러자 다시 숙류가 말하기를「정숙한 여자로서 한 가지 예의도 갖추지 않는다면 비록 목숨을 잃을지언정 따르지 않을 것입니다.」하였다.

이 말을 듣고 왕이 그녀를 돌려보낸 다음 사람을 시켜서 금 백냥의 예물을 갖추어 맞아오려 하거늘, 그 부모가 놀라고 당황하여 목욕을 시키고 더 좋은 옷을 입히려 하자 숙류가 말하기를「그렇게 차리고서 임금을 뵙는다면 모습이 변하고 옷이 달라져 저를 알아보지 못할 것이니, 원하옵건대 죽어도 가지 않겠습니다.」하였다. 이리하여 옛 모습 그대로 사신을 따라갔다.

민왕이 돌아가 여러 부인들이 모인 자리에서 이르기를「오늘 내가 놀러나갔다가 성녀(聖女) 한 사람을 만나게 되었는데 곧 당도할 것이니 너희들을 다 내쫓고자 한다.」하였다.

그러자 궁중의 여러 부인들이 모두 이상하게 여겨 옷을 단정히 차려 입고 경계하면서 그녀가 당도하기만을 기다리니, 숙류가 그것을 보고 당황하였다. 그러자 궁중의 여러 부인들이 모두 입을 가리고 웃는 바람에 주위 사람들의 자태가 흐트러져 능히 스스로 그치지 못하거늘, 왕이 심히 계면쩍어하며 이르기를 「웃음을 그치도록 하여라. 꾸미지 않았을 뿐이다. 꾸미고 꾸미지 않음의 차이가 열이고 백인 것이다.」

숙류가 말하기를 「꾸미는 것의 차이가 천과 만이라 할지라도 오히려 부족할진대, 어찌 단지 열과 백이라고 하십니까?」

왕이 이르기를 「어찌 그렇게 말할 수 있겠느냐?」

숙류가 대답하였다.

「성질이 서로 가까운 듯하여도 배워 익히면 서로 멀어지게 됩니다. 옛날에 요·순(堯舜)과 걸·주(桀紂)는 모두 천자였읍니다. 요임금과 순임금은 자신을 인과 의로써 꾸미어, 비록 천자로 있을 때에도 절약하고 검소한 것을 편하게 여기어 지붕을 띠로 이어도 잘라 다듬지 않았고, 거친 서까래를 깎지도 않았읍니다. 또한 후궁들도 현란한 빛깔의 옷을 입지 않았고, 여러 가지 음식을 상에 올리도록 하지 않았으므로 수천 년이 지난 지금까지도 천하가 모두 어질다고 일컫는 것입니다. 걸

임금과 주임금은 스스로를 인과 의로써 꾸미지 아니하
고, 번거로운 글이나 배우고 익히며, 높은 누각을 짓
고 깊은 못을 만들었으며, 후궁들도 무늬가 있는 고운
비단옷을 입고 구슬놀이나 즐겼지만 족함을 알지 못하
였습니다. 몸은 죽고 나라는 망하였건만 천하의 비웃
음을 사게 되니, 이제 천년이 지난 지금까지도 천하가
모질고 악하다고 일컫는 것입니다. 이러한 것들로 미
루어 보건대, 꾸미고 꾸미지 않음의 차이가 천과 만이
라 하더라도 오히려 족하다고 할 수는 없는 것인바,
어찌 단지 열과 백 사이라 하십니까?」

이 말을 들은 여러 부인들이 다들 심히 부끄러워하
였다.

민왕이 크게 감동하여 숙류를 황후로 삼고, 명령을
내리어 궁중의 생활을 검소하게 하고 못을 메우며, 반
찬의 수를 줄이고 음악을 줄이었으며, 후궁들이 현란
한 빛깔의 옷을 입지 못하도록 하였다.

몇 달 사이에 이웃나라에까지 그 교화가 두루 퍼져
서 여러 제후들이 조회를 왔다. 그후 삼진(三晉)을 침
공하고 연(燕)나라와 제(齊)나라를 두려워하게 하여 단
번에 황제로 칭함을 받으니, 민왕이 이렇게 되기까지
에는 숙류의 공이 큰 몫을 차지했던 것이다.

숙류가 죽은 후 마침내 연나라가 제나라로 쳐들어가

거늘, 민왕은 도망치다가 다른 나라 땅에서 사살되었
다.

　군자가 이르기를「숙류는 통달하고 예의를 갖춘 여
자였다」고 하였다. 시(詩)에 전하기를 ‘청청하게 무성
한 풀이여, 바로 저 언덕에 있도다. 내 군자를 만나니
즐겁고 또한 위의(威儀)가 있도다’라고 읊은 것은 바로
이런 경우를 이른 것이다.

　宿瘤女者는 齊의 東郭採桑之女이니 閔王之后也이시니라. 項
有大瘤故로 號曰宿瘤이라 하더라. 初에 閔王이 出遊하셔 至東
郭하시니 百姓이 盡觀하되 宿瘤가 採桑을 如故이거늘 王이 怪
之하셔 召問曰하시되 寡人이 出遊에 車騎甚衆할 때 百姓이 無
少長히 皆棄事來觀이거늘 汝가 採桑道傍하되 會不一視는 何也
오. 對曰하되 妾이 受父母敎하여 採桑이오 不受敎觀大王호이
다. 王曰此가 奇女也이로다. 惜哉宿瘤이며 女가 曰하되 婢妾之
職은 屬之不二하며 予之不忘이니 中心謂何이언정 宿瘤가 何傷
이리잇고, 王이 大悅之日하시되 此가 賢女也이라. 命後乘載之
하신대 女가 曰하되 賴大王之力하여 父母가 在內하니 使妾으로
不受父母之敎而隨大王하면 是가 奔女也이니 大王은 又安用之리
잇고, 王이 大慙曰하시되 寡人이 失之라. 又曰하시되 貞女가 一
禮不備거든 雖死이나 不從하나니이다. 於是에 王이 遣歸하시고
使使者하셔 加金百鎰하셔 往聘迎之하신대 父母가 驚惶하여 欲
洗沐加衣裳하더니 女가 曰하되 如是見王則變容更服이라. 不見
識也하시리니 請死不往하리라. 於是에 如故하여 隨使者하니라.
閔王이 歸하셔 見諸夫人하셔 告曰하시되 今日에 出遊하여 得一
聖女하니 今至하나니 斥汝屬矣하리라. 諸夫人이 皆怪之하여 盛

服而衛하여 遲其至也하더니 宿瘤가 駭한대 宮中諸夫人이 皆掩口而笑하여 左右가 失貌하여 不能自止거늘 王이 大慙曰하시되 且無笑하라. 不飾耳니라. 夫飾與不飾에 固相去가 十百也이라. 女가 曰하되 夫飾은 相去가 千萬이라도 尙不足言이니 何獨十百也이리잇고, 王曰何以言之오 對曰하되 性相近也이나 習相遠也이니 昔者에 堯舜桀紂는 俱天子也이라. 堯舜은 自飾以仁義하셔 雖爲天子이라도 安於節儉하셔 茅茨를 不剪하시며 采椽을 不斲하시며 後宮이 衣不重采하며 食不重味하니 至今數千歲에 天下가 歸善焉하나니이다. 桀紂는 不自飾以仁義하고 習爲苛文하며 造爲高臺深池하며 後宮이 蹈綺縠하며 弄珠玉하여 意非有饜時也이라. 身死國亡하여 爲天下笑하니 至今千餘歲에 天下가 歸惡焉하나니 由是로 觀之컨대 飾與不飾이 相去가 千萬이라도 尙不足言이니 何獨十百也이리잇고 於是에 諸夫人이 皆大慙하니라. 閔王이 大感瘤女하셔 以爲后하시고 出令하셔 卑宮室하시며 塡池澤하시며 損膳하시며 減樂하시며 後宮이 不得重采하니 期月之閒에 化行鄰國하여 諸侯가 朝之거늘 侵三晋하며 懼秦楚하며 一立帝號하니 閔王이 至於此也는 宿瘤女가 有力焉이니라. 及女死之後에 燕이 遂屠齊하거늘 閔王이 逃亡하셔 而弒死於外하시니라. 君子가 謂宿瘤女가 通而有禮하니 詩云하되 菁菁者莪여 在彼中阿이로다. 旣見君子하니 樂且有儀라 하니 此之謂也이로다.

註 ① 삼진(三晋) : 춘추시대 말엽, 진(晋)나라의 삼경인 문후(文侯) 위사(魏斯)와 열후(烈侯) 조적(趙籍)과 경후(景侯) 한건(韓虔)이 진나라를 분할하여 세운 위(魏)·조(趙)·한(韓)의 세 나라.

한(漢)나라 포선(鮑宣)의 아내 환씨(桓氏)의 자(字)는 소군(少君)이다. 선이 일찌기 소군의 아버지에게 가르

침을 받았는데, 소군의 아버지가 그의 청렴한 생활을
기특하게 여기더니, 자기 딸을 아내로 삼도록 하였다.

혼수와 재물이 넉넉하였으나 선은 즐거워하지 않으
며 아내에게 이르기를 「소군은 참으로 부유한 생활을
했으므로 아름답게 치장하는 것을 배웠거늘, 나는 실
로 가난하고 천하여 감히 예를 갖추는 것을 감당하지
못하겠소.」 하였다.

아내가 말하기를 「친정 아버님께서는 당신이 덕을 닦
으며 검약하는 줄을 이미 아시어 저로 하여금 수건과
빗을 받들게 한 것입니다. 이미 군자를 모시게 되었거
늘, 오로지 그 명령에 따르고자 합니다.」 하였다.

선이 웃으며 이르기를 「그렇게 하는 것이 바로 내가
바라는 것이오.」

그러자 아내는 따라온 시비와 의복과 장식들을 다
돌려보낸 후에 짧은 베옷으로 갈아입고, 함께 작은 수
레를 끌어 고향 마을로 돌아갔다. 그리고 시어머니께
절을 하여 예를 다한 후 곧 항아리를 들고 나가서 물
을 긷는 등 부도(婦道)를 잘 닦으니 고을과 나라에서
칭찬이 끊이질 않았다.

漢鮑宣의 妻桓氏字는 少君이더라. 宣이 嘗就少君父하여 學하
더니 父가 奇其淸苦하여 故로 以女로 妻之하니라. 裝送資賄甚
盛하더니 宣이 不悅하여 謂妻曰하되 少君은 生富驕하여 習美飾

이거늘 而吾는 實貧賤하여 不敢當禮하노라. 妻曰하되 大人이 以
先生이 脩德守約故로 使賤妾으로 侍巾櫛하시니 旣奉承君子하건
대 唯命을 是從하리이다. 宣이 咲曰하되 能如是하면 是吾志也
라 하거늘 妻乃悉歸侍御服飾하고 更著短布裳하여 與宣으로 共
挽鹿車하여 歸鄕里하여 拜姑禮畢하고 提甕出汲하여 脩行婦道하
니 鄕邦이 稱之하더라.

제 3 권

제5 모의장(母儀章)

〈내칙〉에 이르기를, 무릇 자식을 낳아 여러 어머니와 그 밖의 마땅한 사람을 택할 때에는, 반드시 관대하고 인자하며, 온화하고 공경스러우며, 조심성이 있고 말을 삼가는 사람을 구하여 자식이 본을 받도록 하여야 한다.

자식이 능히 혼자 식사를 할 수 있거든 오른손으로 먹도록 가르치며, 능히 말을 할 수 있거든 남자는 공손히 빠르게 대답하고 여자는 부드럽고 온화하게 대답하는 것을 가르치며, 남자가 지니는 주머니는 가죽으로 되어 있고 여자의 것은 실로 되어 있음을 가르친다.

여섯 살이 되거든 숫자와 방위에 대하여 가르친다. 일곱 살이 되거든 남녀가 한자리에 어울려 앉지 않으며, 함께 음식을 먹지 못하게 한다. 여덟 살이 되거든 문 밖 출입을 할 때나 자리에 앉아 음식을 먹을 때에는 반드시 어른이 행하신 뒤에 움직이게 하여 사양하는 법을 가르치도록 한다. 열 살이 되거든 밖에 나가지 않으며, 모교(姆敎)①의 가르침을 온순하게 듣고 따르며, 삼과 모시를 잡고, 명주실과 누에고치를 다스리며, 베를 짜고 가늘고 굵은 끈을 꼬며, 여자의 일을 배워 옷을 지어 바치도록 한다.

또한 제사를 살펴보아 술과 국물과 대나무 제기와 김치와 젓갈을 들여놓으며, 예를 다하여 서로 도우며 제물을 올리도록 한다.

열 다섯에는 비녀를 꽂게 하고, 스물이 되거든 혼인을 시킬 것이니, 까닭이 있을 때에는 스물 셋에 혼인을 하도록 한다. 예의를 갖추어 혼인을 하면 정식 아내가 되고 음란한 행동을 하면 첩이 될 것이다.

內則에 曰하되 凡生子하여 擇於諸母와 與可者하되 必求其寬裕慈惠溫良恭敬愼而寡言者하여 使爲子師하리라. 子가 能食食이거든 敎以右手하며 能言이거든 男唯女兪하며 男鞶은 革이오 女鞶은 絲이니라. 六年이거든 敎之數與方名이니라. 七年이거든 男女가 不同席하며 不共食이니라. 八年이거든 出入門戶와 及即席飮食에 必後長者하여 始敎之讓이니라. 十年이거든 不出하며 姆敎를 婉娩聽從하며 執麻枲하며 治絲繭하며 織紝組紃하여 學女事

하여 以共衣服이니라. 觀於祭祀하여 納酒漿籩豆菹醢하며 禮相助
奠이니라. 十有五年而笄하며 二十而嫁이니 有故이거든 二十三
年而嫁이니라. 聘則爲妻요 奔則爲妾이니라.

翻 ① 모교(姆敎) : 여자 스승 또는 여자 스승의 가르침을 일컫는 말.
   옛날에 나이가 50세 된 부인에게 아들이 없으면 다시 시집가지 않
   고 남에게 부도(婦道)를 가르친 데서 유래되었음.

  사마 온공이 이르기를, 여섯 살이 되면 비로소 여자
가 할 일의 사소한 것부터 배워 익히고, 일곱 살에 〈효
경〉①과 〈논어〉를 외고, 아홉 살에 〈논어〉와 〈효경〉과
그 외의 여자가 경계해야 하는 여러 종류의 글들을 강
론하고 해석하여 간략하게나마 대강의 의미를 알아야
하거늘, 오늘날의 사람들이 간혹 여자들에게 노래와 시
짓는 것을 가르치며 세속적인 음악을 가르치는 것은 심
히 못마땅한 일이다.

  司馬溫公이 曰하되 女子가 六歲에 始習女工之小者하고 七歲
에 誦孝經論語하고 九歲에 講解論語孝經及女戒之類하여 略曉大
意니 今人이 或敎女子以作歌詩하며 執俗樂하나니 殊非所宜也이
니라.

翻 ① 효경(孝經) : 경서(經書)의 하나. 증자(曾子)를 위하여 공자가 효
   도에 관한 말들을 기록한 책. 1권 18장으로 되어 있음.

무릇 아들과 며느리가 공경하지 않고 효도하지 않거
든 너무 성급히 미워하거나 원망하지 말아야 한다. 시
어머니가 가르치되, 만약 가르쳤는데도 뜻대로 행하지
않으면 화를 낼 것이고, 화를 냈는데도 듣지 않으면 매
질을 해야 하며, 번번이 매질을 하여도 끝내 고치지 아
니하거든 아들을 내쫓고 며느리를 나가게 해야 한다.
그러나 또한 예의에 벗어난 그들의 행동을 명백히 드
러내어 말하지는 말아야 한다.

凡子婦가 未敬未孝이거든 不可遽有憎疾이오. 姑敎之하되 若
不可敎然後에야 怒之오, 苦不可怒然後에야 笞之니 屢笞而終不改
이거든 子放婦出이니 然이나 亦不明言其犯禮也이니라.

〈방씨 여교(方氏女敎)〉에 이르기를, 자식을 기름에 있
어서 늘 부지런히 힘써서 그 자식이 성공하기를 원하
는 것은, 먼저 가신 조상들을 받들고 뒤이어 가문을 계
승하며, 죽은 자를 잘 대해 보내고 살아 있는 사람을
잘 봉양하려는 것이니, 그 맡겨진 소임이 지극히 중하
고, 그 맡겨진 일이 가히 쉽지 아니하다. 만약 가르치
지 아니하면 어찌 집안이 몰락하는 것을 면할 수 있을
것인가.

내가 부유한 사람을 보니, 금을 산같이 쌓아 놓았다
가도 그 패망함이 마치 손바닥을 뒤집듯 순간적이며,

또한 유명한 사람의 공과 덕이 빛을 내었다가도 하루 아침에 무너져 사람들의 비방과 꾸지람을 듣게 된다.

그러므로 처음 그 일을 함에 있어서 밤낮으로 한가할 겨를이 없이 오로지 자식만을 위하는 까닭에, 지략이 깊고 거듭 생각하였을 것이거늘, 어찌 오늘날 갑작스럽게 이에 이르리란 것을 알았겠는가. 저승에서 알고 있다면 두 눈에서 끊임없이 눈물이 흘러내릴 것이다.

이러한 것은 모두 다른 탓이 아니다. 바로 사람이 그 원인인 것이다. 오로지 사랑하기만 하고 가르침이 없다면 자라서 어진 사람이 되지 못하나니, 자식이 함부로 제 뜻대로만 행하지 못하게 하며, 방종할 때에는 엄하게 꾸짖어야 한다. 또한 악함을 덮어주지 말아야 하며, 한번이라도 고개를 쳐들면 매질을 하여야 한다.

어린아이에게 허물이 있음은 어머니의 양육 탓이라고 할 수 있으니, 그처럼 기르다가 성장하면 비록 뉘우칠지라도 이미 때가 늦은 것이다. 자식의 불초함은 진실로 그 어머니와 관계가 있으니 어머니여, 어머니여, 감히 그 허물을 사양하지 말지니라.

方氏女敎에 云하되 育子辛勤하여 欲望其成은 嗣先續門하며 送死養生하여 其任이 至重하고 負荷가 不易하니 若非敎之면 寧死

隕墜리요. 我見富人이 積金如山하다가 一旦敗之若反掌閒하며 又
見名流가 功德이 晃耀하다가 一旦에 壞之하며 貽人訕誚하나니
厥初經營에 晝夜弗遑하여 凡爲子故로 謀深慮長하더니 豈知今日
에 遽至於此이리요. 黃泉에 有知이건대 雙涙傾水니라. 此가 蓋
無他라. 愛爲之根이니라. 有愛無敎하면 長逐不仁하나니 毋徇
其意하여 稍縱이거든 輒束하며 毋護其惡하여 一起에 輒撲이니
라. 嬰孩有過가 皆母養之니 養之至成이면 雖悔나 已遲니라. 子
之不肖가 實係於母하니 母哉母哉敢辭厥咎아.

　주(周)나라 태임(太任)은 문왕(文王)의 어머니이며, 자
(摯)나라 임(任)씨의 가운데딸이다. 왕계(王季)가 아내
로 맞아 왕비로 삼으니, 태임은 성품이 단정하고 변함
이 없었으며, 성실하고 의젓하여 오로지 덕만을 행하
였다.

　회임하게 되자, 눈으로는 궂은 것을 보지 않았고, 귀
로는 음란한 소리를 듣지 않았으며, 입으로는 오만한
말을 하지 않았다. 이리하여 문왕을 낳았는데 총명하
고 통달하여서, 태임이 한 가지를 가르치면 백 가지를
알았으므로, 군자들이 이는 태임이 태교를 잘 했기 때
문이라고 말하였다.

　옛날에는 부인이 임신을 하면 잠을 자되 옆으로 눕
지 않았고, 자리에 앉되 모서리에 앉지 않았으며, 한
쪽으로 치우치게 서지 않았고, 이상한 맛이 나는 음식
은 입에 대지 않았으며, 바르게 자른 것이 아니면 먹

지 않았고, 바른 자리가 아니면 앉지 않았으며, 눈으로는 사악한 것을 보지 않았고 밤에는 소경에게 〈시경〉을 외게 하여 듣고 바른 일을 하게 하였다.

이와 같이 하여서 낳은 자식은 그 모습이 단정하여 재주와 덕이 반드시 다른 사람보다 빼어났다. 그러므로 임신을 하였을 때에는 반드시 마음속에 느끼는 바를 삼가야 한다. 느낌이 선하면 선한 자식을 낳고, 느낌이 악하면 악한 자식을 낳으니 사람이 태어날 때 모든 만물을 다 본받아 갖추게 됨은 어머니가 만물에 어떤 느낌을 가졌는가에 따르기 때문이며, 그러므로 그 모습과 소리를 닮는 것이다. 문왕의 어머니는 가히 이를 알고 행하였다고 말할 수 있다.

周太任者는 文王之母이시니 摯任氏中女也이시도다. 王季娶爲妃하시니 太任之性이 端一誠莊하여 惟德之行이시더니 及其有娠해서는 目不視惡色하시며 耳不聽淫聲하시며 口不出敖言하시더니 生文王而明聖하여 太任이 敎之以一而識百하시니 君子가 謂太任이 爲能胎敎이라 하니라. 古者에 婦人이 妊子하여 寢不側하며 坐不邊하며 立不蹕하며 不食邪味하며 割不正하거든 不食하며 席不正하거든 不坐하며 目不視邪色하며 耳不聽淫聲하며 夜則令瞽誦詩하며 道正事하더니 如此하면 則生子가 形容이 端正하여 才德이 必過人矣리라. 故로 妊之時에 必愼所感이 感於善則은 善하고 感於惡則은 惡하나니 人生而肖萬物者가 皆其母가 感於物. 故로 形音이 肖之니 文王母는 可謂知肖化矣로다.

주(周)나라의 태사(太姒)는 무왕(武王)의 어머니이며 우(禹)나라의 뒤를 이은 유신(有莘)나라 사씨(姒氏)의 딸이다. 인자하고 도에 밝아 문왕이 아름답게 여기어 친히 위수(渭水)①까지 가서 맞이할 때에는 배를 이어 다리를 놓아 주었다. 궁중에 들어와서는 태강(太姜)과 태임(太任)의 사랑을 한몸에 받으며 주야로 부지런히 힘써 마땅히 여자가 지켜야 할 도리를 따랐다.

태사는 '문왕의 어머니'라고 불리어졌다. 문왕은 밖을 다스리고 '문왕의 어머니'는 안을 다스렸다. 태사가 아들 열을 낳으니, 맏아들은 백읍 고(伯邑考)이고, 둘째는 무왕 발(武王發)이며, 세째는 주공 단(周公旦)이고, 네째는 관숙 선(管叔鮮)이며, 다섯째는 채숙 도(蔡叔度)이고, 여섯째는 조숙 진탁(曹叔振鐸)이며, 일곱째는 확숙 무(霍叔武)이고, 여덟째는 성숙 처(成叔處)이며, 아홉째는 강숙 봉(康叔封)이고, 열째는 담계 재(聃季載)이다. 태사는 이 열 아들을 교육시킴에 있어서, 어릴 때부터 장성할 때까지 잠시도 사벽(邪僻)함을 보인 적이 없었다.

周太姒者는 武王之母이시니 禹後有莘姒氏之女이시니라. 仁而明道하시더니 文王이 嘉之하여 親迎于渭하실 때 造舟爲梁하시니라. 及入하셔도 太姒가 恩媚太姜과 太任하여 旦夕에 勤勞하여 以進婦道하시니라. 太姒가 號曰文母이시니 文王은 治外하시고 文

母는 治內하시니라. 太姒가 生十男하시니 長은 伯邑考요, 次
는 武王發이요, 次는 周公旦이요, 次는 管叔鮮이요, 次는 蔡叔
度이요, 次는 曹叔振鐸이요, 次는 霍叔武요, 次는 成叔處이요,
次는 康叔封이요, 次는 聃季載니 太姒가 敎誨十子하시되 自少
及長이 未嘗見邪僻之事이시도다.

註 ① 위수(渭水) : 중국 감숙성(甘肅省)에서 시작하여 섬서성(陜西省)
을 거쳐 황해로 흘러드는 강의 이름.

맹가(孟軻)①의 어머니가 사는 집이 무덤에서 가까운
곳에 있었는데, 맹가가 어린 시절에 장난하고 노는 일
들이 다 무덤 사이에서 행하여지는 일들로서, 펄쩍펄
쩍 뛰거나 구덩이를 파고 다시 흙을 쌓아올리는 놀이
였다. 맹가 어머니가 말하기를 「이곳은 아들을 키울
만한 곳이 못 된다.」하고는 그곳을 떠나 시장 근처로
가서 살거늘, 그 장난하고 노는 일들이 시장에서 흥정
을 하는 것을 흉내낸 것뿐이었다.

맹가 어머니가 또 말하기를 「이곳 또한 아들을 키울
곳이 못 된다.」하고는 곧 학교 가까운 곳으로 이사하
였다. 그러자 장난하고 노는 일들이 제기(祭器)를 늘어
놓거나 예를 다해 정중히 인사하고, 사양하면서 나아
가고 물러나는 놀이였다.

맹가 어머니가 말하기를 「이곳이 바로 아들이 살기

에 알맞은 곳이다.」하고는 그곳에서 살기로 하였다.

맹가가 어렸을 때에 묻기를「동쪽 집에서 돼지를 잡는 것은 무엇 때문입니까?」하였다.

그러자 어머니가 대답하기를「네게 먹이고자 함이다.」하고는 곧 뉘우쳐 다시 말하기를「내가 들으니 옛날에는 임신하였을 때에도 가르침이 있었다고 하거늘 이제 바야흐로 그것을 알고 있음에도 불구하고 아들을 속임은 불신을 가르치는 것이 된다.」하고는 즉시 돼지고기를 사다가 아들에게 먹였다. 그 아들이 장성하여 학문에 힘써 드디어 큰 선비가 되었다.

孟軻之母가 其舍가 近墓하더니 孟子之少也에 嬉戲를 爲墓間之事하여 踊躍築埋하신대 孟母가 曰하시되 此가 非所以居子也이라 하시고 乃去하여 舍市하거늘 其嬉戲를 爲買衒하신대 孟母가 曰하시되 此가 非所以居子也이라 하시고 乃徙하여 舍學宮之旁하거늘 其嬉戲를 乃設俎豆하고 揖讓進退하신대 孟母가 曰하시되 此가 眞可以居子矣라 하고 遂居之하시니라. 孟子가 幼時에 問東家殺猪는 何爲오. 母가 曰하시되 欲啖汝이니라. 旣而悔曰하시되 吾聞하니 古有胎敎이거늘 今適有知而欺之하면 是는 敎之不信이라 하시고 乃買猪肉하여 以食之하시니 旣長就學하여 遂成大儒하시니라.

囲 ① 맹가(孟軻): 맹자(孟子). 전국 시대의 철인(哲人). 가(軻)는 이름. 자는 자여(子輿) 또는 자거(子車). 인의예지(仁義禮智)의 네 가지 덕이 인간의 본성이라 하여 성선설(性善說)을 주장함. 제후들에게 왕도(王道)를 설파하고 인의의 정치를 전함. 유학의 정통

으로 숭앙되며, 아성(亞聖)이라 불림.

여형공(呂榮公)의 이름은 희철(希哲)이요, 자는 원명(原明)으로, 신국(申國) 정헌공(正獻公)의 맏아들이다.

정헌공은 집에 머물러 있되 대범하고 무겁고 과묵하여 물질에 신경을 쓰지 않았으며, 신국 부인은 성품이 엄격하고 법도가 있어 심히 여형공을 사랑하였으나 아들에게 일일이 법도를 따라 행하도록 가르쳤다.

여형공이 갓 열 살이 되어서, 심한 추위와 더위와 비가 오는 가운데 하루 종일 서 있었는데 앉으라는 명령을 하지 않자 감히 앉지 않았다. 매일 반드시 관과 띠를 갖춘 후에야 어른을 뵈었으며 평상시에는 날이 아무리 덥더라도 어른 곁에서는 두건과 버선과 행전을 벗지 않고 의복을 단정히 갖추어 입었다.

거리를 다닐 때나 출입할 때에 찻집이나 술집에 들어가지 않았으며, 시장과 거리에서 사용하는 말이나 정(鄭)나라와 위(衛)나라의 음악 따위에는 전혀 귀를 기울이지 않았고, 옳지 못한 글과 예의에 벗어난 모습은 잠시도 보려고 하지 않았다.

정헌공이 영주(穎州)의 통판(通判)[①]으로 있을 때 구양공(歐陽公)[②]이 마침 지주사(知州事)로 있었다. 초(焦)

선생 천지 백강(千之伯强)③이 문충공(文忠公)의 처소에
손님으로 머물렀는데, 엄격하고 의연하며 방정하므로
정헌공이 그에게 여러 아들을 가르치도록 하였다. 초
선생은 학생들에게 작은 허물이 있을 때에는, 곧 단정
하게 앉은 다음 학생들을 불러 그들과 마주앉아 하루
종일 말을 하지 않았다. 학생들이 두려워하여 복종한
뒤에야 말씀하시고 낮빛을 누그러뜨렸다.

그때 여형공은 열 살이었는데, 안으로는 정헌공과 신
국 부인의 가르침이 이렇듯 엄격하고 밖으로는 초선생
의 가르침이 이렇듯 두터운 까닭에, 여형공은 덕을 받
아들이는 자세가 보통 사람들과 크게 차이가 났다.

여형공이 일찍이 이르기를 「사람이 살아나감에 있어
서 안으로는 어진 아버지와 형이 없고, 밖으로는 엄격
한 스승과 벗이 없다면 능히 성공하는 자가 적을 것이
다.」하였다.

呂榮公의 名은 希哲이고, 字는 原明이러니 申國正獻公之長子
이더라. 正獻公이 居家하되 簡重寡默하여 不以事物로 經心하며
而申國夫人이 性이 嚴하여 有法하여 雖甚愛公하나 然이나 敎公
하되 事事를 循蹈規矩하더니 甫十歲라. 祁寒暑雨에 侍立終日하
되 不命之坐이거든 不敢坐也하더라. 日必冠帶하여 以見長者하
며 平居에 雖甚熱하나 在父母長者之側하여서 不得去巾襪縛袴하
여 衣服을 唯謹하며 行步出入에 無得入茶肆酒肆하며 市井里巷之
語와 鄭衛之音을 未嘗一經於耳하며 不正之書와 非禮之色을 未嘗

一接於目하더라. 正獻公이 通判潁州이거늘 歐陽公이 適知州事
이러니 焦先生千之伯强이 客文忠公所이러니 嚴毅方正할 때 正獻
公이 招延之하여 使敎諸子하니 諸生이 小有過差이거든 先生이
端坐하여 召與相對하여 終日竟夕하도록 不與之語하더니 諸生이
恐懼畏伏이어야 先生이 方略降辭色하더라. 時에 公이 方十餘歲
더니 內則正獻公과 與申國夫人敎訓이 如此之嚴하고 外則焦先生
化導가 如此之篤할 때 故로 公이 德器成就하여 大異衆人하니라.
公이 嘗言하되 人生이 內無賢父兄하고 外無嚴師友하면 而能有
成者가 少矣라 하더라.

註 ① 통판(通判) : 중국 송(宋)나라 때 비롯한 지방관. 번진(藩鎭)의
　　 힘을 누르기 위하여 조신(朝臣)이 나라가 군(郡)을 감독함.
　② 구양공(歐陽公) : 송(宋)나라 때의 문인·정치가. 이름은 수(修),
　　 자는 영숙(永叔), 호는 취옹(醉翁) 또는 육일거사(六一居士). 당
　　 송팔대가(唐宋八大家)의 한 사람. 왕안석(王安石)의 개혁에 반대
　　 하여 정계에서 은퇴함.
　③ 천지 백강(千之伯强) : 송나라 때의 사람. 천지는 이름, 백강은
　　 자. 성은 초(焦). 구양수의 문인이었음.

　　제(齊)나라의 의계모(義繼母)는 두 아들의 어머니였다.
선왕(宣王) 때에 어떤 사람이 싸우다 길거리에서 죽었
는데, 두 아들이 그 근처에 서 있었으므로 관리가 형
에게 묻자 형이 말하기를「내가 죽였소.」하였다.
　　그러자 아우가 말하기를「아닙니다. 바로 제가 죽였
읍니다.」하였다.
　　1년이 다 되도록 그 일이 해결되지 않았으므로 왕

에게 아뢰게 되었다.

왕이 이르기를「그들의 어머니에게 묻도록 해라. 능히 그 자식의 선함과 악함을 잘 알 터이니 둘 중에 누구를 죽이고 누구를 살려야 하는지를 알 수 있으리라.」하였다.

어머니에게 묻자 울면서 대답하기를「작은아들을 죽이십시오.」하였다.

왕이 다시 묻기를「무릇 작은 자식을 더 사랑하는 법인데, 이제 그를 죽이고자 하니 무슨 까닭인가?」

그 어머니가 대답하기를「작은아들은 저의 자식이오나 큰아들은 전부인의 아들입니다. 그 아버지가 병으로 돌아가실 때 '부디 이 자식을 잘 보살펴 주시오.' 하고 당부하셨으므로 제가 '그렇게 하겠읍니다.' 하고 약속하였읍니다. 남의 부탁을 받아 그렇게 하겠다고 약속한 후에 지키지 않는다면 그 사람의 뜻을 저버리는 것이며, 또한 그 약속은 신뢰스럽지 못한 것이 아니겠읍니까? 게다가 큰아들을 죽이고 작은아들을 살린다면, 이는 사사로이 제가 낳은 아들만을 사랑하는 것인즉, 곧 공공의 의를 저버리는 결과가 될 것입니다. 약속한 것을 지키지 아니하고 신의를 저버린다면 이는 죽은 사람을 속이는 것이 됩니다. 말로써 약속한 것을 지키지 못하고 이미 허락한 것이 불분명해진다면 어찌

이 세상에 머물러 있을 수 있겠읍니까? 아들의 처지가 딱하기는 하지만 오로지 제가 한 짓이라고 하니 어쩔 도리가 없지 않습니까?」하고는 옷깃이 젖도록 흐느껴 울었다.

그러자 왕이 그 의로움을 높이 사서 모든 죄를 용서하였고, 그 어머니를 존경하여 '의로운 어머니'라 일컬었다.

齊義繼母者는 齊二子之母也이러니 當宣王時에 有人이 鬪死於道者이거늘 二子가 立其傍하였다가 吏問之하거늘 兄曰하되 我가 殺之하다. 弟曰하되 非兄也이라. 乃我가 殺之하다. 期年을 不能決하여 言之於王하건대 王曰하시되 試問其母하다. 能知子의 善惡하나니 聽其所欲殺活者하라. 其母가 泣而對曰하되 殺少者하소서. 又問하되 夫少子者는 人之所愛也이거늘 今欲殺之는 何也오. 其母가 對曰하되 少者는 妾之子也이오. 長者는 前妻之子也이니 其父가 疾且死之時에 屬之於妾曰하되 善養視之하라 하거늘 妾曰諾이라 하니 今에 旣受人之託하여 許人以諾하고 豈可忘人之託而하여 不信其諾邪이리잇고 且殺兄活弟하면 是는 以私愛로 廢公義也이오, 背言忘信하면 是는 欺死者也이니 夫言不約束하며 已諾이 不分이면 何以居於世哉리잇고 子가 雖痛乎이나 獨謂行何오 하고 泣下沾襟한대 王이 美其義하며 高其行하여 皆赦하시고 而尊其母하여 號曰義母라 하시니라.

위(魏)나라의 망자모(芒慈母)는 위나라 맹양(孟陽)씨의 딸이며 망묘(芒卯)의 후처이다.

세 아들을 두었으며, 전처의 아들이 다섯이었으나 다 자모를 사랑하지 않았다. 자모는 더욱 각별하게 대하였으나 그래도 사랑하지 않았다. 그러자 자모는 세 아들로 하여금 전처의 다섯 아들과 같은 옷과 같은 음식을 먹지 못하게 하였으나 역시 자모를 사랑하지 않았다.

그때 전처의 가운데아들이 위나라 왕의 법도를 어겨 곧 죽음을 당하게 되자, 자모는 너무도 근심한 나머지 허리떠가 한 자나 줄었고, 아들을 구하기 위해 아침 저녁으로 부지런히 뛰어다녔다.

사람들이 자모에게 말하기를 「아들은 전혀 어머니를 사랑하지 않는데 어찌하여 그리도 애를 쓰고 걱정이 끊이질 않습니까?」

어머니가 대답하였다.

「만일 나의 친자식이 비록 나를 사랑하지 않는다 할지라도 그들에게 화가 미칠 것을 염려하여 그 재해를 없애려 힘쓸 것입니다. 그런데 친자식이 아니라 하여 그렇게 하지 않는다면 어찌 평범한 어머니의 정과 같다고 할 수 있겠습니까. 그들의 아버지는 어머니 없는 외로운 아이들을 위하여 저를 그들의 계모로 삼았거늘 그 어머니의 자리를 이어받은 사람은 마땅히 어머니와 똑같아야 합니다. 어머니로서 자식을 사랑하지 않는다

면 어찌 자애롭다고 할 수 있을 것이며, 친자식이라 하
여 더욱 가까이하고, 친자식이 아니라 하여 편애한다
면 이 또한 어찌 의롭다고 할 수 있겠읍니까. 자애롭
지도 못하고 의롭지도 못하다면 어찌 이 세상에 바로
서 있을 수 있겠읍니까. 그 아이가 비록 나를 사랑하
지 않을지라도 어머니로서 어찌 의를 저버릴 수 있겠
읍니까.」하고는 즉시 송사를 하였다.

　위나라의 안리왕(安釐王)이 이를 듣고 그 의로움을 높
이 사서 이르기를「어머니가 이와 같으니 가히 그 아
들의 죄를 면하게 함이 마땅치 않겠느냐.」하고는 그
아들의 죄를 면하게 하고, 그 집안을 다시 일으켜 세
우거늘, 이후에는 다섯 아들이 모두 친아들처럼 어머
니를 의지하고 화목하게 지냄이 한결같았다.

　자모는 예와 의로써 여덟 아들을 이끌고 가르쳐서,
모두 위나라의 대부(大夫)와 경사(卿士)가 되게 함으로
써 각각 예와 의를 이루게 하였다.

　魏芒慈母者는 魏孟陽氏之女이니 芒卯之後妻也이러니. 有三子
하더니 前妻之子가 有五人하되 皆不愛거늘 慈母가 遇之甚異하되
猶不愛거늘 慈母가 乃令三子로 不得與前妻子로 齊衣服飮食하되
猶不愛러니. 於是에 前妻中子가 犯魏王令하여 當死이거늘 慈母
가 憂戚悲哀하여 帶圍滅尺하여 朝夕에 勤勞하여 以救其罪거늘
人有謂慈母曰하되 人不愛母가 至甚也이거늘 何爲勤勞憂懼가 如

此요. 慈母가 曰하되 如妾親子가 雖不愛妾이라도 猶懼其禍而除
其害는 獨於假子而不爲하면 何以異於凡母이리요 其父가 爲其孤
也하여 而使妾으로 爲其繼母하니 繼母者는 如母也이니 爲人母而
不能愛其子이면 可謂慈乎아 親其親而偏其假이면 可謂義乎아 不
慈且無義면 何以立於世리요. 彼雖不愛나 妾은 安可以忘義乎하리
요 하고 遂訟之하건대 魏安釐王이 聞之하시고 高其義曰하시되
慈母가 如此하니 可不赦其子乎아 하시고 乃赦其子하고 復其家
하시거늘 自此로 五子가 親附慈母하여 雍雍若一하거늘 慈母가
以禮義之漸으로 率導八子하여 咸爲魏大夫卿士하여 各成於禮義하
니라.

제(齊)나라의 재상인 전직자(田穡子)가 아랫사람에게
서 금 1백 냥을 받아 어머니에게 드리자 어머니가 이
르기를「네가 재상의 자리에 오른 지 3년이 되었건만
일찌기 녹이 이처럼 많지 않았거늘, 어찌 사대부에게
쓰라고 준 돈이 이리 많을 수 있겠느냐. 대체 이것이
어디서 난 것이더냐?」

전직자가 대답하기를「실은 아랫사람이 준 것이옵
니다.」

그러자 어머니가 말하였다.

「내가 들은 바에 의하면, 선비는 몸을 닦고 행실을
깨끗이 하여 구차하게 얻으려고 하지 않으며, 온 마음
을 다하여 참되게 살면서 거짓을 꾸미어 속이지 않고,
의롭지 않은 일을 마음속에 담아 두지 않으며, 도리에

어긋난 이익을 집안에 들여놓아서는 안 된다고 하였다.
이제 임금이 관을 설치하여 너를 대접하고 후한 녹으
로 너를 받들고 있으니, 당연히 온 힘과 능력을 다하여
충성과 신의를 바쳐야 하고 속이지 말아야 하며, 청렴
결백하여 공정한 것으로 임금에게 보답하여야 한다. 이
제 네가 이 모든 것들을 옳게 행하지 않으니, 무릇 신
하가 되어서 충성스럽지 못한 것은 자식이 효도를 다
하지 못하는 것과 같다고 할 수 있다. 의롭지 못한 재
화는 나의 소유가 아니며, 효도하지 않는 아들은 나의
아들이 아니니, 어서 일어나 나가거라.」

전직자가 부끄러워하며 물러나와 그 금을 되돌려 주
고, 선왕(宣王)에게 자기의 죄에 대하여 아뢰며 「죽을
죄를 지었읍니다.」 하였다.

왕이 그 어머니의 의로움을 크게 칭송하고 직자의 죄
를 사하여 주었으며, 그로 하여금 다시 재상의 자리에
있게 하였고, 그 어머니에게는 공적인 상금을 하사하
였다.

齊相田稷子가 受下吏之貨金百鎰하며 以遺其母하건대 母가 曰
하되 子가 爲相三年矣로되 祿이 未嘗多若此也하더니 豈脩士大夫
之費哉리오. 安所得此오. 對曰하되 誠受之于下오이다. 其母가
曰하되 吾聞하니 士가 脩身潔行하여 不爲苟得하며 竭情盡實하여
不爲詐僞하여 非義之事를 不計於心하며 非理之利를 不入於家이

니 今君이 設官하여 以待子하시며 厚祿으로 以奉子하시나니 當
以盡力竭能하여 忠信不欺하며 廉潔公正으로 報其君也이거늘 今
子가 反是하나니 夫爲人臣不忠이 是爲人子不孝也이라 不義之財
非吾有也이며 不孝之子가 非吾子也이니 子가 起하라 하거늘 田
稷子가 慙而出하여 反其金하고 自歸罪於宣王하여 請就誅焉하거
늘 王이 大賞其母之義하여 遂舍稷子之罪하여 復其相位하시고 而
以公金으로 賜母하시니라.

당(唐)나라 최현위(崔玄暐)의 어머니 노(盧)씨가 일찌
기 현위에게 경계하여 말하였다.

「내 이종사촌 오라버니 둔전낭중(屯田郞中)① 신현어
(辛玄馭)가 나를 만나 말하기를 '벼슬 자리에 있는 자
식의 모습을 어떤 사람이 보고 와서 궁핍한 생활을 하
고 있다고 전하면 이는 좋은 소식이지만, 만약 재물이
충족하고 의복이 가벼우며 말이 살쪘더라고 전하면 이
는 나쁜 소식이다.'라고 하였다. 이것은 내가 항상 명
확한 이론이라고 여기는 바이다. 또 비유하건대, 성
(姓)이 같은 친척, 성이 다른 친척 중에 벼슬자리에
있는 사람이 장차 재물을 가져다가 그 부모에게 바칠
때에 부모가 오직 기뻐하기만 하고 그 물건의 출처를
묻지 않는다고 하자. 그것이 반드시 녹을 받은 데에서
쓰고 남은 것이라면 참으로 좋은 일이지만, 만일 그것
이 도리에 어긋나게 얻어진 것이라면, 이는 바로 도적
질한 것과 다를 바가 무엇인가. 비록 큰 허물이 없었

다 할지라도 스스로의 마음속에 어찌 부끄러움이 없겠
는가?」

현위는 그 경계하는 가르침을 잘 받들어서 청렴하게
지내고 근신하여 사람들로부터 칭찬을 받았다.

唐崔玄暐이 母盧氏嘗戒玄暐曰하되 吾見姨兄屯田郞中辛玄馭하
니 曰하되 兒子從官者를 有人이 來云하되 貧乏하여 不能存이라
하면 此가 是好消息이거니와 若聞賫貨가 充足하며 衣馬가 輕肥
라 하면 此는 惡消息이라 하더니 吾가 常以爲確論이라 하노라.
比見親表中에 仕宦者가 將錢物하여 上其父母하거든 父母가 但知
喜悅하고 竟不問此物은 從何來요 하나니 必是祿俸餘資이건대 誠
亦善事이거니와 如其非理所得이건대 此가 與盜賊으로 何別이리
오. 縱無大咎한들 獨不內愧於心가 하니 玄暐遵奉敎戒하여 以淸
謹으로 見稱하니라.

註 ① 둔전낭중(屯田郞中) : 당나라의 벼슬 이름. 둔전(屯田)과 관전(官
田)의 일을 맡아 보았음.

이천(伊川) 선생의 어머니 후(侯) 부인은 어질며 관대
하고 후덕하여 여러 첩의 자식들을 자기가 낳은 자식
과 다름없이 사랑하였으며, 당숙과 어린 고모들을 보
살피되 늘 친자식처럼 대접하였다. 집을 다스림에 있
어서도 법도가 있어서 엄하게 하지 않아도 가지런히 정
리되었으며, 노비를 거느리되 매질을 하거나 함부로

다루는 일이 없이 항상 친자식처럼 보살폈다.

　혹 자식들이 꾸짖으려 할 때에는 그들에게 경계하여 이르기를 「귀하고 천한 것은 비록 다르다 할지라도 사람은 본래 같은 것이다. 네가 이처럼 바쁜 시절에 능히 이 일을 다 해낼 수 있다고 생각하느냐.」 하였다.

　이천 선생의 아버지가 무릇 노하시는 일이 있으면 반드시 관대하게 풀어 드렸으나, 여러 아이들이 잘못을 저지를 때에는 그대로 덮어 두지 않았고, 항상 이르기를 「자식이 불초한 것은 어머니가 그 잘못을 덮어 주어서 아버지가 미처 알지 못하게 한 데에 그 까닭이 있다.」 하였다.

　부인은 아들 여섯을 두었으나 오로지 두 아들만이 살아 있었으므로, 그 사랑과 자애로움이 가히 지극하다고 할 수 있었다. 그러나 법도로 그들을 가르칠 때에는 조금도 용서가 없었다.

　겨우 두세 살이 되어 걷다가 혹 넘어지면 집안 사람들이 달려가 얼른 일으키고 놀라서 울지 않을까 염려하자, 부인이 매번 꾸짖어 이르기를 「네가 조심성있게 천천히 걸었다면 어찌 넘어지겠느냐?」 하였다.

　음식을 먹을 때에는 항상 곁에 앉혀 놓고 먹이며 국에 간을 맞추는 일이 있거든 즉시 꾸짖어 이르기를 「어려서부터 자기가 원하는 대로 맞추려고 한다면 자라서는 과연 어찌할 것인가.」하였다.

비록 심부름하는 사람들에게라도 모질게 꾸짖거나 야
단치지 못하게 한즉, 이천 선생 형제는 평생 음식이나
의복을 가리지 않았고, 남을 모질게 꾸짖지 못하였다.
이는 본래 성품이 그러한 것이 아니라 어머니의 가르
침이 그렇게 만든 것이다.

다른 사람과 다투다가 상대가 화를 내거든, 비록 옳
다 할지라도 옳은 것을 고집하지 않고 말하기를「능히
굴하지 못함을 걱정할지언정 이기지 못함을 걱정하지
는 않는다.」하였다.

점점 자라게 되자 어진 스승과 벗을 좇아 놀게 하였
으며, 비록 구차하게 살지라도 손님이 오면 기꺼이 맞
아 대접하도록 하였다.

伊川先生의 母侯夫人은 仁恕寬厚하여 撫愛諸庶하되 不異己出
하더니 從叔幼姑를 夫人이 存視하되 常均己子하며 治家가 有法
하여 不嚴而整하며 不喜笞朴奴婢하여 視小臧獲하되 如兒女하되
諸子가 或加呵責이거든 必戒之曰하되 貴賤이 雖殊하나 人則一也
이니 汝가 如是大時에 能爲此事아 否아. 先公이 凡有所怒이거든
必爲之寬解하되 唯諸兒가 有過則不掩也하여 常曰하되 子之所以
不肖者는 由母가 蔽其過而父不知也이라 하더니라. 夫人男子六
人에 所存이 惟二니 其愛慈가 可謂至矣건마는 然於敎之之道에
不少假也하더라. 纔數歲에 行而或踣이거든 家人이 走前扶抱하여
恐其驚啼거늘 夫人이 未嘗不呵責曰하되 汝가 若安徐하면 寧至

踏乎하리요 하더라. 飮食을 常置之坐側하더니 常食絜羹이거늘
卽叱止之曰하되 幼求稱欲하면 長當何如하겠나, 雖使令輩라도 不
得以惡言罵之. 故로 頤兄弟平生에 於飮食衣服에 無所擇하여 不
能惡言罵人은 非性이 然也이라 敎之使然也이라. 與人爭忿이거
든 雖直이라도 不右曰하되 患其不能屈이언정 不患其不能伸이라
하더라. 及稍長하여 使從善師友游하며 雖居貧하나 或欲延客이거
든則喜而爲之具하더라.

   이의(二義)는 주애(珠崖)에 사는 현령(縣令)의 후처와
전처의 딸인바, 딸의 이름은 초(初)로서 열 세 살이었
다.

   주애에는 구슬이 많았으므로 계모는 구슬을 꿰어서
그것을 팔에 차고 있었다.

   현령이 세상을 뜨자 장사를 치르게 되었는데, 들리
는 바에 의하면 몰래 주애의 구슬을 가지고 관(關)에
들어가는 자는 사형을 당한다고 하므로 계모는 팔에
차고 있던 구슬을 버렸다. 그러자 아홉 살 난 아들이
그 구슬이 탐나서 다시 주워다가 거울상자 안에 넣었
다. 그러나 그 사실을 아는 사람은 아무도 없었다.

   장례를 치르고 돌아가다가 관에 이르자, 관의 수령
과 관리들이 그들을 수색한 결과 계모의 거울 상자 안
에서 열 개의 구슬을 발견했다. 그것을 본 관리가 말
하기를「슬픈 일이구나. 이는 법률을 어긴 것이니 어
쩔 도리가 없구나. 누가 죄를 입을 것인가?」하였다.

딸 초가 바로 그 곁에 있다가, 어머니가 **깜빡** 잊고 그대로 거울상자에 넣어 둔 것이라 여기고 두려워하며 즉시 이르기를 「제가 당연히 죄를 입어야 합니다.」 하였다.

관리가 묻기를 「대체 어찌 된 일이냐?」 하였다.

초가 대답하기를 「아버지께서 불행을 당하시자 어머니가 팔에 차고 있던 것을 풀어서 버리셨는데, 제가 너무나 아까운 나머지 다시 주워다가 거울 상자 속에 넣어 두었읍니다. 어머니는 이 일을 전혀 모르십니다.」 하였다.

그 말을 들은 계모가 얼른 초에게로 달려가 그 영문을 묻자 초가 대답하기를 「어머니께서 버린 그 구슬을 제가 다시 주워다가 어머니의 거울상자 안에 넣어 두었으니 제가 죄를 입음이 마땅합니다.」 하였다.

계모도 초가 한 일임에 틀림없다고 생각한지라 그를 가엾게 여겨 관리에게 말하기를 「원하옵건대 이 아이의 죄를 너그럽게 용서하여 주십시오. 이 아이는 아무것도 모릅니다. 이 구슬은 제가 팔에 차고 있던 것입니다. 남편이 불행을 당하게 되자 제가 풀어 거울 상자 안에 넣어 두었던 것인데, 상을 받들기에 바쁘고 먼 길을 어린 자식들과 함께 오느라고 그만 잊어버리고 말았읍니다. 그러니 마땅히 제가 죄를 입어야 합니다」

하였다.

초도 한사코 말하기를 「제가 한 짓이 분명합니다.」
하였다.

그러자 다시 계모가 말하기를 「이 아이가 사양하여
그렇게 말하는 것이나 이건 분명 제가 넣어 둔 것입니
다.」하고는 울음을 그치지 못하였다.

딸도 여전히 말하기를 「어머니께서는 아버지가 돌아
가시자 제가 외롭게 된 것을 몹시 슬퍼하셔서, 외로운
저를 어떻게든 살리려고 그러는 것입니다. 어머니께선
진실로 아무것도 알지 못합니다.」하고는 초 또한 슬
퍼 우니 눈물이 턱 아래로 끝없이 흘러내렸다.

이에 장례를 치르고 돌아오던 사람들까지도 다들 눈
물을 감추지 못하였고, 관리 또한 붓을 들어 심문한
내용을 적으려 하였으나 한 글자도 적을 수가 없었다.

관의 수령도 날이 다하도록 눈물만 흘릴 뿐 능히 해
결하지 못하다가 다시 이르기를 「어머니와 딸의 의리
가 이와 같으니 내가 대신 죄를 입을지언정 차마 글로
옮길 수가 없구나. 또한 서로 자기가 한 일이라고 하
거늘 누가 과연 옳은지 어찌 알 수 있겠는가.」하며 구
슬을 버리고 그들을 풀어 주었다. 이미 그곳을 떠나온
후에야 아들이 몰래 주워다 넣은 줄을 알게 되었다.

二義者는 珠崖令之後妻와 及前妻之女也이러니 女名은 初이오,
年이 十三이러니 珠崖多珠이거늘 繼母가 連大珠하여 以爲繫臂러
니 及令에 死하여 當送喪이러니 法에 內珠入於關者가 死러니
繼母가 棄其繫臂珠하건대 其子男이 年이 九歲러니 好而取之하여
置之母鏡奩中하거늘 皆莫之知러니 遂奉喪歸하여 至海關하건대
關侯士吏搜索하여 得珠十枚於繼母鏡奩中하여 吏曰하되 嘻라 此
가 値法하니 無可奈何이로소니 誰當坐오. 女初가 在左右하였다가
顧心恐母가 忘置鏡奩中이라 하여 乃曰하되 初가 當坐之이다. 吏
曰하되 其狀이 如何오. 對曰하되 君이 不幸이시거늘 夫人이 解
繫臂棄之하시거늘 初에 心惜之하여 取而置夫人鏡奩中하니 夫人
은 不知也하시니이다. 繼母가 聞之하고 遽疾行問初하건대 初가
曰하되 夫人所棄珠를 初가 復取之하여 置夫人奩中하니 初當坐之
니이다. 母意에 亦以初로 爲實然하여 憐之하여 乃因謂吏曰하되
願且待하여 幸無劾兒하소서. 兒가 誠不知也하니 此珠는 妾之繫
臂也이러니 君이 不幸이시거늘 妾이 解去之而置奩中하고 迫奉喪
하여 道遠하고 與弱小俱하노라 하여 忽然忘之하니 妾當坐之니
이다. 初가 固曰하되 實初가 取之하이다. 繼母가 又曰하되 兒
가 但護耳언정 實妾이 取之하니이다 하고 因涕泣不能自禁하거
늘 女가 亦曰하되 夫人이 哀初之孤하여 欲强活孤耳언정 夫人이
實不知也하시니이다 하고 又因哭泣하여 泣下交頤거늘 送葬者가
盡哭哀慟하거늘 傍人이 莫不爲酸鼻揮涕하며 關吏執筆書劾하되
不能就一字하며 關侯가 垂泣終日하여 不能決하여 乃曰하되 母子
가 有義如此하니 吾寧坐之언정 不忍加文이로다. 且又相讓하나니
安知孰是리요 하고 遂棄珠而遣之하니 旣去後에 乃知男이 獨取之
也하니라.

제 6 돈목장(敦睦章)

〈여교(女教)〉에 이르기를, 손윗 동서와 손아랫 동서는 서로 형제 같으므로 정의가 두터워야 하며, 타인처럼 대해서는 곤란하다. 혹 정숙하고 어진 이를 만나면 감동하여 사모하는 마음이 저절로 우러나 힘을 모아 사이좋게 지내고, 그와 함께 늙기를 기약하게 된다. 어쩌다 마음이 모질고 매서운 이를 만나게 되면 실없는 생각을 서로 더할 뿐이어서 오로지 스스로 책망받아야 함을 알아야 할 형편이니, 어느 겨를에 다른 이를 거느릴 수 있겠는가.

두 개의 강한 것이 서로 싸우면 반드시 한쪽은 부러지게 마련이니, 당연히 부드러움으로써 대하여야만 그 결점들을 거의 온전하게 할 수 있다. 그렇게 하려면 내

기 응당 공손함을 가지고 그 사납고 거만한 것에 임해
야 할 것이며, 내가 오직 먼저 베풀려고 애쓰며 잘못
을 책하려 들지 말아야 하고, 작은 이익을 두고 다투
어서 지친(至親)의 관계가 어긋나지 않도록 하여야 한
다. 지친은 구하기 어려운 법이거늘 어찌 일일이 이익
을 따져 말할 수 있겠는가.

혹은 단명하고, 혹은 장수하는 것은 거역하거나 피
할 수도 없는 일이거늘, 힘으로 빼앗아 가지게 된들 후
에 누구에게 계승될지 어찌 알 수 있겠는가. 더불어 사
는 백년이란 순식간에 지나가는 것이거늘, 길고 짧음
을 다투어 겨뤄 본들 무슨 소용이 있겠는가.

女敎에 云하되 唯姒娣如弟共昆하니 情義之篤이 難侔他人이니
라. 或逢淑賢하여 感慕興起하여 竭力爲善하며 期與之齒하고 或
遇兇頑하여 妄意相加이거든 但知自責이니 遑恤乎他이리요. 兩
剛이 共鬪하면 必有一折하나니 應之以柔하여야 庶全其缺이니 我
唯執恭이오. 任其狠傲하며 我唯先施요 不責其報이니 毋競小利
하여 以乖至親이어다. 至親이 難得이니 利何足云이리요. 或夭或
壽를 不可逆計니 力奪而有한들 後知誰繼리요. 共聚百年이 頃刻
에 卽過하나니 爭長競短하여 欲如之何오.

증자가 이르기를, 친척이 기뻐하지 않거든 감히 밖
에서 사귐을 갖지 말아야 하고 가까운 곳의 사람과 친
히 지낼 수 없거든 감히 먼 곳 사람과 친하지 말아야

하며, 또한 작은 것을 살피지 못하거든 감히 큰 것에 대해 말하지 말 일이다. 사람이 태어나 살아가는 백년의 세월 가운데는 질병에 걸리거나 노약해질 때가 있는 것이거늘, 군자는 그것을 생각하여 다시 할 수 없는 일을 먼저 베풀어야 한다.

친척이 죽고 없다면 비록 효도를 하고자 하여도 누구를 위하여 할 것이며, 또한 이미 나이들어 늙어진 후에는 비록 공경하고자 하여도 누구를 위하여 공경하며 우애를 나누겠는가. 그러므로 「효도하려 하여도 늘 미치지 못함이 있으며 공경을 다하여도 할 수 없는 시기가 오는 것이다.」라고 하니 바로 이를 두고 이른 것이다.

曾子가 曰하시되 親戚이 不說이거든 不敢外交하며 近者를 不親이거든 不敢求遠하며 小者를 不審이거든 不敢言大니라. 故로 人之生也가 百歲之中에 有疾病焉하며 有老幼焉하니 故로 君子는 思其不可復者하여 而先施焉하나니. 親戚이 旣沒하면 雖欲孝인들 誰爲孝이며 年旣耆艾면 雖欲悌인들 誰爲悌리요. 故로 孝有不及하며 悌有不時라 함이 其此之謂歟인저.

유개(柳開)[①] 중도(仲塗)가 이르기를, 돌아가신 아버님께서 집을 다스리실 때에는 효도와 위엄으로 다스리셨다. 초하루와 보름에는 아우와 며느리들이 당 아래에서 배례를 마치고 즉시 손을 위로 하고 얼굴을 숙여서 아버님의 훈계하시는 말씀을 들었다.

「사람의 형제들이란 의롭게 지내지 않는 자가 없으나 다들 장가를 들어 며느리가 집안에 들어오면 다른 성들이 서로 모여 살게 됨으로써 길고 짧음을 겨루어 다투게 되니 매일처럼 이 다툼을 듣다 보면 점점 물들 뿐만 아니라 편애하는 마음이 생겨나 서로 비밀이 덧쌓이며, 이로 인하여 끝내는 배반하고 어긋나서 집안이 갈리고 분가하게 되므로 마치 도적이나 원수와 같은 사이가 되고 만다. 이는 모두 너의 아내들이 저지르는 짓이다. 남자 가운데 강한 심장을 지닌 자가 과연 몇 사람이나 있어 능히 아내의 말에 현혹되지 않을 수 있겠는가. 내가 보건대 거의가 그러하더라. 그러나 너희들에게는 이같은 일이 있어서야 되겠는가.」하였다.

두려워하며 조심스럽게 물러나와 감히 불효하는 일에 대해 한 마디도 언급하지 않았다. 그리고 그들은 아버님의 이같은 말씀을 믿고 의지하여 그 가정을 온전하게 지킬 수 있었다고 말하였다.

柳開仲塗가 曰하되 皇考가 治家하시되 孝且嚴하시더니 旦望에 弟婦等이 拜堂下畢하고 即上手佮面하여 聽我皇考訓誡하더니 曰하시되 人家兄弟無不義者이건마는 盡因娶婦入門하여 異姓이 相聚하여 爭長競短하여 漸漬日聞하여 偏愛私藏하여 以致背戾하여

分門割戶하여 患若賊讐하나니 皆汝婦人의 所作이니라. 男子剛腸者幾人이 能不爲婦人言의 所惑하고 吾見이 多矣로니 若等은 寧有是耶이리요 하시거든 退則惴惴하여 不敢出一語도 爲不孝事하니 開輩는 抵此賴之하여 得全其家云하노라.

註 ① 유개(柳開) : 송(宋)나라 때의 사람. 중도는 자, 호는 하동(河東). 당송팔대가(唐宋八大家)의 한 사람인 유종원(柳宗元)을 좋아하여 글을 짓는 솜씨가 뛰어났다고 함. 동교야부(東郊野夫), 보망선생(補亡先生)이라 불림. 저서에 〈하동집(河東集)〉이 있음.

사마 온공(司馬溫公)은 그 형 백강(伯康)과 서로 우애함이 심히 두텁더니, 백강의 나이가 이제 팔십이 되거늘 공이 그를 받들어 모시는 것이 마치 엄한 부친을 모시듯 하였고, 또한 마치 어린아이를 돌보듯 하였다.

항상 식사를 하고 나서 조금 후에 다시 묻기를 「배가 고프지 않으신지요?」하였고, 또한 날이 조금만 차도 곧 등을 어루만지며 묻기를 「옷이 얇지 않으신지요?」하였다.

司馬溫公이 與其兄伯康으로 友愛尤篤하더니 伯康이 年將八十이거늘 公이 奉之하되 如嚴父하고 保之하되 如嬰兒하여 每食少頃이거든 則問曰하되 得無饑乎아 하며, 天이 少冷이거든 則拊其背曰하되 衣得無薄乎아 하더라.

당나라 영공(英公) 이적(李勣)은 복야(僕射)①를 지낸 귀인이었으나 그의 누님이 앓아 눕자 손수 불을 지펴

어 죽을 끓이다가 그만 불에 수염을 그슬리고 말았다.

누님이 말하기를 「종들이 많음에도 불구하고 어찌하여 네가 스스로 수고롭게 하느냐?」하자, 적이 대답하기를 「어찌 사람이 없어서 하는 것이겠읍니까. 이제 돌이켜 보건대 누님의 나이가 많으시고 저 역시 늙었으니 비록 자주 누님을 위해 죽을 끓여 드리고자 하나 또 언제 다시 그렇게 할 수 있겠읍니까?」하였다.

　唐英公李勣이 貴爲僕射하되 其姊가 病이거든 必親爲然火하여 煮粥하더니 火焚其鬚하거늘 姊가 曰하되 僕妾이 多矣니 何然自苦가 如此오. 勣이 曰하되 豈爲無人耶이리오. 顧今에 姊가 年老하고 勣이 亦老하니 雖欲數爲姊煮粥인들 復可得乎아.

註 ① 복야(僕射) : 벼슬 이름. 진(秦)나라 때는 활 쏘는 것을 맡아 보았음. 당나라 이후에는 상서성(尙書省)의 장관.

　진(晋)나라 함녕(咸寧) 안에 큰 전염병인 천연두가 창궐하였다. 그리하여 유곤(庾袞)①의 두 형이 모두 죽고 둘째 형 비(毗) 또한 위급하게 되는 등, 천연두의 기세는 바야흐로 맹렬해졌다. 부모와 모든 아우들이 밖으로 나가 몸을 피했으나 곤만이 혼자 남아 있으므로 여러 부모 형제가 강경하게 말렸다. 그러자 곤이 말하기를 「저는 본래 병을 두려워하지 않습니다.」하고는 끝

내 친히 형을 밤낮으로 보살피며 잠을 자지 않았고 또
한 틈나는 대로 관을 어루만지며 통곡하기를 그치지 않
으니 무려 백여 일 동안이나 계속하였다.

천연두의 기세가 이미 쇠하였으므로 집안 사람들이
되돌아와 보니 비의 병세는 차도가 있고 곤 역시 별탈
이 없었다. 이에 노인들이 이르기를 「참으로 기이한 일
이로다. 아들아, 너는 사람들이 능히 막을 수 없는 것
을 막아 냈으며 사람들이 능히 행하지 못하는 것을 행
하였다. 날이 추워진 후에야 소나무와 잣나무의 잎이
떨어져 비로소 시든다는 것을 알게 됨같이 이제야 천
연두가 서로 전염되지 않는다는 것을 알게 되었다.」고
하였다.

晉咸寧中에 大疫하더니 庾袞의 二兄이 俱亡하고 次兄毗復危
殆하여 癘氣方熾할 때 父母諸弟皆出次于外거늘 袞이 獨留不去
하더니 諸父兄이 強之하건대 乃曰하되 袞은 性不畏病하나이다
하고 遂親自扶持하여 晝夜不眠하며 其閒에 復撫柩하여 哀臨不輟
하더니 如此十有餘旬에 疫勢가 旣歇하거늘 家人이 乃反하니 毗病
이 得差하며 袞亦無恙하니라. 父老가 咸曰하되 異哉라, 此子여,
守人所不能守하며 行人所不能行하나니 歲寒然後에야 知松栢之後
凋하나니 始知疫癘之不能相染也이로다.

註 ① 유곤(庾袞) : 진나라 명목황후(明穆皇后)의 백부로서 자는 숙포
(叔褒). 효행이 깊어 사람들이 유이행(庾異行)이라 부름.

수(隋)나라 이부상서(吏部尙書)인 우홍(牛弘)의 동생 필(弼)은 술을 몹시 즐겨 곧잘 주정을 하더니, 일찌기 만취하여 홍의 수레 끄는 소를 쏘아 죽이게 되었다.

홍이 집으로 돌아오자 그의 아내가 홍을 맞으며 말하기를 「아주버님이 소를 쏘아 죽였읍니다.」하였다.

홍이 그 말을 듣고도 전혀 기이해하거나 질문하지 않고 즉시 이르기를 「말려서 포나 만드시오.」하며 좌정하자 그의 아내가 또다시 말하기를 「아주버님이 소를 쏘아 죽였으니 참으로 괴이한 일이 아닙니까.」하였다.

홍이 대답하기를 「이미 알고 있는 일이오.」하고는 안색을 바꾸지 않은 채 글 읽기를 계속하였다.

隋吏部尙書牛弘의 弟 弼이 好酒而酗하나니 嘗醉하여 射殺弘의 駕車牛하다. 弘이 還宅하거늘 其妻迎謂弘曰하되 叔이 射殺牛하더라. 弘이 聞하고 無所怪問하여 直答曰하되 作脯하라. 坐定하거늘 其妻又曰하되 叔이 射殺牛하니 大是異事이라 하거늘 弘이 曰하되 已知라 하고는 顔色이 自若하여 讀不輟하더라.

범 문정공(范文正公)①이 참지정사(參知政事)②라는 벼슬자리에 있을 때에 여러 자식들에게 경계하여 이르기를 「내가 구차하게 살며 너희 어머니와 함께 나의 부모님을 봉양하던 시절에는 너희 어머니가 몸소 음식을

만들어 대접하되 일찌기 달고 좋은 음식을 넉넉하게 드
릴 수 없더니 지금은 많은 녹을 받아 그것으로써 부모
님을 봉양하고자 하여도 이제 부모님이 계시지 않고,
너희 어머니마저 일찍 세상을 버렸으니 이는 내가 가
장 한스럽게 여기는 바이다. 그러한즉 어찌 너희들로
하여금 부귀와 즐거움을 누리게 할 수 있을 것인가. 내
가 오중(吳中)③에 있을 때 친척이 심히 많았는데, 나
와는 본래부터 가까운 사람도 있고 먼 사람도 있었으나
나의 할아버님에게는 그들 모두가 자손이 되기 때문에
가깝고 먼 사람이 없었다. 참으로 할아버님의 뜻처럼
가깝고 먼 사람이 없다면, 배고픔과 추위에 떠는 사람
들을 내 어찌 불쌍히 여겨 편안함을 얻게 하지 않을 것
인가.」하였다.

范文正公이 爲叅知政事時에 告諸子曰하되 吾가 貧時에 與汝母
로 養吾親할 때 汝母가 躬執爨하되 而吾親甘旨를 未嘗充也이러
니 今而得厚祿하여 欲以養親이나 親不在矣며 汝母가 亦已早世하
니 吾所最恨者이라 忍令若曹로 享富貴之樂也아 吾吳中에 宗族
이 甚衆하니 於吾에 固有親疎이건마는 然吾祖宗이 視之則均是
子孫이라. 固無親疎也하니 苟祖宗之意에 無親疎則飢寒者를 吾가
安得不恤也이리오.

가 되어 정치개혁을 꾀하였으나 반대파에 의해 실패함. 저서에 〈범
문정공집(范文正公集)〉이 있음.
② 참지정사(參知政事) : 송대(宋代)의 재상 다음가는 벼슬.
③ 오중(吳中) : 강소성(江蘇省) 오현(五縣).

노(魯)나라의 의고자(義姑姊)는 노나라 변방에 살던
부인이다. 제(齊)나라가 노나라를 침공하여 성 밖에 다
다랐을 때, 어떤 부인이 한 아이는 안고, 한 아이는 손
을 잡은 채 걸어가고 있었다. 군사들이 바짝 뒤쫓아오
자 안았던 아이를 내려놓고는 손을 잡고 가던 아이만
안고 서산으로 도망하였다. 아이가 울면서 따라갔으나
부인은 뒤도 돌아보지 않았다.

이에 제나라 장수가 부인을 잡아다가 그 이유를 물
은즉「안고 간 아이는 제 형님의 자식이고, 버린 아이
는 제 자식인데, 군사들이 바짝 뒤쫓아오니 능히 제 힘
으로는 두 아이를 보호할 수가 없어서 제 자식을 버렸
읍니다.」하고 대답하였다.

제나라 장수가 이르기를「자식이란 어미에게 있어 사
랑하는 마음이 더욱 지극한 것이어서 마음이 무척 아
팠을 터인데, 자기 자식을 버리고 도리어 형의 자식을
안은 것은 어인 일인가?」

부인이 말하기를「제 자식을 사랑함은 사사로운 정

이나 형의 자식은 공적인 의로 대하여야 하거늘 무릇
공적인 의로움을 배반하고 사사로운 정을 따라서 형의
자식을 죽게 하고 제 자식만 살려 행복을 얻는다면 어
찌 감히 의롭다고 할 수 있겠읍니까? 그리하여 자식
을 버리는 고통을 참고 견디며 의를 행하고자 했읍니
다. 의로움이 없이는 결코 세상에서 바로 서지 못할 것
입니다.」하자, 제나라 장수가 병사와 말의 진군을 중
단시키고 제나라 왕에게 사신을 보내어 이 사실을 진
언하고는 자기 나라로 되돌아갔다.

　이 말을 전해 들은 노나라 왕이 비단 백 필을 하사
하시며 '의고자(義姑姊)'라 칭하였다. 공정하고 성실한
데다 신뢰할 수 있으며 과감하게 의로움을 행하였으니
무릇 그 의로움이란 얼마나 큰 것인가. 한낱 아녀자의
행동에 지나지 않았으나 온 나라가 오히려 그를 따랐
으니, 하물며 예와 의로써 나라를 다스린다면 달리 말
할 바가 있겠는가.

　魯義姑姊者는 魯野之婦人也이러니 齊攻魯至郊하여 見一婦人이
抱一兒하고 攜一兒行하다가 軍且及之거늘 棄其所抱하고 抱其所
攜而走於山이거늘 兒가 隨而啼하거늘 婦人이 遂行不顧하거늘 齊
將이 執而問之한대 對曰하되 所抱者는 妾兄之子也이오. 所棄者
는 妾之子也이니 見軍之至하고 力不能兩護故로 棄吾之子하니이
다. 齊將이 曰하되 子之於母에 其親愛也가 痛甚於心이거늘 今에
釋之하고 而反抱兄之子는 何也오. 婦人이 曰하되 己之子는 私

愛也이오 兄之子는 公義也이니 夫背公義而嚮私愛하며 亡兄子而
存妾子하여 幸而得免한들 獨謂義에 何오. 故로 忍棄子而行義하
고 不能無義而立於世로이다. 於是에 齊將이 按兵而止하여 使人
言於齊君而還한대 魯君이 聞之하시고 賜束帛百端하시고 號曰義
姑姊이라 하시니 公正誠信하여 果於行義하니 夫義는 其大矣哉인
저. 雖在匹婦하여도 國猶賴之는 況以禮義로 治國乎이여.

제 7 염검장(廉儉章)

  공자가 이르기를 「회(回)①야, 참으로 어질고 현명하
구나. 한 그릇의 밥과 한 바가지의 물로 연명하며 더
럽고 좁은 거리에서 살고 있구나. 다른 사람 같으면
그 어려움을 견디지 못할 것이나 회는 그러한 가운데
에서도 도를 닦는 즐거움을 버리지 않으니, 참으로 어
질고 현명하도다! 회야.」

  孔子가 曰하시되 賢哉다. 回也이여, 一簞食과 一瓢飮으로 在
陋巷을 人不堪其憂하거늘 回也가 不改其樂하나니 賢哉라. 回也
이여.

호 문정공(胡文正公)①이 이르기를, 사람은 모름지기 온갖 세상 사는 재미에 욕심이 없고 깨끗해야 좋은 것이며, 부귀라는 바탕은 그리 필요하지 않은 것이다.

맹자가 이르기를 「집을 수척이나 되도록 높이 짓고, 앞에 음식을 열 자나 되게 차려 놓으며, 시중드는 종을 수백 명이나 거느려 내 뜻대로 할 수 있다 할지라도 결코 그렇게 하지 않겠다.」하였거늘, 학자는 모름지기 먼저 이와 같은 것들을 없애야 하며, 늘 스스로 힘써 분발하여여만 끝내 무너지지 않는 것이다.

나는 한(韓)나라 말엽 남양(南陽) 땅에서 손수 밭을 경작하며, 이름이 세상에 드러나는 것을 바라지 않던 제갈공명(諸葛孔明)②을 항상 존경하는 바이다. 후에 유선주(劉先主)③의 부름을 받아들여 산하를 자기 뜻대로 휘두르며 천하를 셋으로 나누었고, 몸은 장군과 재상으로 있으며 손은 중대한 병사와 말을 쥐었으니, 어찌 구하고자 한 것을 능히 얻지 못할 것이며, 무언가를 하고자 하면 능히 이루지 못하였겠는가.

그렇건만 후주(後主)에게 말하기를 「성도(成都)에 뽕나무 8백 그루와 거친 밭 열 다섯 이랑이 있으니 자손들의 옷과 음식에 대해서는 조금도 걱정할 것이 없읍니다. 제 몸이 항상 밖에 있는지라 그리 특별하게 쓰이는 곳도 없으며, 또한 각별히 생계를 다스리며 척촌

의 작은 몸을 기를 처지도 못 됩니다. 그러한즉 죽는
날에 곳간에 곡식을 남기고 창고에 재물을 남겨 폐하
께 부끄러움을 보이지는 않을 것입니다.」하였다.

마침내 그가 죽었을 때 과연 그가 말한 대로였으니,
이러한 부류의 사람이야말로 가히 대장부라 일컬을 만
하다.

胡文定公이 曰하되 人은 須是一切世味를 淡薄이라야 方好하
니 不要有富貴相이니라. 孟子가 謂하시되 堂高數仞과 食前方丈
과 侍妾數百人을 我가 得志라도 不爲라 하시니 學者는 須先除
去此等이오. 常自激昂하여야 便不到得墜墮하리라. 常愛諸葛孔明
이 當漢末하여 躬耕南陽하여 不求聞達하더니 後來에 雖應劉先
主於聘하나 宰割山河하여 三分天下하여 身都將相하여 手握重兵
이거니 亦何求不得이며 何欲不遂이리요마는 乃與後主로 言하되
成都에 有桑八百株와 薄田十五頃하니 子孫衣食이 自有餘饒하나
이다. 臣身在外하여 別無調度하고 不別治生하여 以長尺寸하노
니 若死之日에 不使廩有餘粟하며 庫有餘財하여 以負陛下이라 하
더니 及卒하여 果如其言하니 如此輩人은 眞可謂大丈夫矣로다.

註 ① 호 문정공(胡文定公) : 송나라 때의 사람. 이름은 안국(安國), 자
　 는 강후(康侯), 호는 무이 선생(武夷先生) 또는 초암거사(草菴居
　 士), 문정은 시호.
　 ② 제갈공명(諸葛孔明) : 제갈양(諸葛亮). 삼국 시대 촉한(蜀漢)의
　 정치가. 공명은 자. 유비(劉備)의 삼고초려(三顧草廬)에 감격하여
　 그를 도와 촉한을 세우고 유비가 제위에 오르자 승상(丞相)이 됨.
　 유비가 죽은 후 유선을 보필하다가 위(魏)나라의 사마의(司馬懿)와
　 대전중에 병사함.
　 ③ 유선주(劉先主) : 유비(劉備)를 일컬음. 자는 현덕(玄德).

양진(楊震)①이 천거한 형주(荊州)의 무재(茂才) 왕밀
(王密)이 창읍(昌邑)의 수령이 되어 진을 찾아뵈러 왔는
데, 금 열 근을 가져다 바치었다.

그러자 진이 이르기를 「나는 자네를 잘 알건만 자네
는 나를 알지 못하니 이 어인 일인가?」

밀이 답하기를 「어두운 밤이라 아는 사람이 없을 것
입니다.」

진이 이르기를 「하늘이 알고 신이 알며 내가 알고 그
대가 알진대 어찌 아는 사람이 없다고 하는가?」 하자
밀이 부끄러워하며 물러갔다.

楊震의 所擧荊州의 茂才王密이 爲昌邑命하여 謁見할 때 懷金
十斤하여 以遺震하건대 震이 曰하되 故人은 知君하거늘 君이 不
知故人은 何也오. 密이 曰하되 莫夜이라 無知者하나이다. 震
이 曰하되 天知神知我如子知하거늘 何謂無知리요 하니 密이 愧
而去하니라.

註 ① 양진(楊震) : 후한 때의 학자로서 자는 백기(伯起). 학식이 뛰어
  나고 제자가 많아 관서(關西)의 공자(孔子)라 불림.

온공(溫公)이 이르기를, 내 집안은 본래가 구차한 가
문인지라 청렴결백한 것으로써 서로 이어오고 있었다.
그러므로 나의 성품도 화려하고 사치스러운 것을 싫어

하여 어릴 때부터 어른이 금은으로 장식한 호화로운 옷을 입혀 주면, 곧 부끄러워하며 물리치곤 하였다. 나이 스물이 되어 과거의 이름을 욕되게 하는 과분한 벼슬자리를 얻어 문희연(聞喜宴)①에 나아가 혼자만 꽃을 꽂지 않으니, 함께 급제한 사람들이 말하기를 「임금께서 내리신 것이니 감히 거역해서는 아니 되오.」하는지라 비로소 꽃을 꽂았다.

평생토록 옷은 추위를 면할 정도로만 입었고, 음식은 배가 고프지 않을 정도로만 먹었다. 그러나 감히 더럽고 떨어진 옷을 입는 등 일반의 풍속에 어긋나게 하는 행색으로 이름을 얻으려 하지는 않았으며, 단지 나의 천성을 따랐을 따름이다.

溫公이 曰하시되 吾家는 本寒族이라 世以淸白으로 相承하나니 吾性이 不喜華靡하여 自爲乳兒時로 長者가 加以金銀華美之服이거든 輒羞赧하여 棄去之하더니 年이 二十이라. 忝科名하여 聞喜宴에 獨不載花하니 同年이 曰하되 君賜라. 不可違也이라 할 때 乃簪一花하라. 平生에 衣取蔽寒하고 食取充腹하되 亦不敢服垢弊하여 以矯俗干名이오. 但順吾性而已로다.

註 ① 문희연(聞喜宴) : 과거에 급제한 사람에게 베풀어 주는 연회.

돌아가신 아버지①께서 군목판관(群牧判官)②으로 지내

실 때, 손님이 찾아오면 반드시 술상을 차려 대접하시
되, 혹은 세 차례, 혹은 다섯 차례나 대접하였다. 그러
나 일곱 차례를 넘기지는 않았다. 술은 시장에서 사오
고, 과일은 배와 밤과 대추와 감으로 하였으며, 안주는
포와 젓국과 나물과 국만으로 차리게 하였고, 그릇은
사기와 옻칠한 그릇을 사용하였다.

당시에는 사대부들이 다 그렇게 하였으므로 사람들
은 결코 서로 비난한 적이 없었다. 자주 모임을 가져
예의를 갖추고, 물질은 보잘것없었으나 인정은 돈독히
하였다.

그러나 오늘날의 사대부 집안에서는 집안 법도에 따
른 술이 아니거나, 먼 곳에서 구한 진귀한 과일이 아니
거나, 음식의 가짓수가 많지 않고, 그릇이 상에 가득
차려지지 않는 한 감히 손님이나 친구를 모이게 하지
않는다. 늘 며칠씩 준비하여 모아들인 후에야 겨우 초
대의 글을 보낸다. 혹 어쩌다 그렇게 하지 못하면 사
람들이 다투어 구차하고 인색하다고 책하게 되니, 사
치하고 화려한 풍속을 따르지 않는 자가 드물게 되었
다.

슬프구나! 풍속이 이렇듯 무너지고 쇠퇴하니 벼슬
자리에 있는 자들로서 비록 마땅히 금하게 하지는 못
할지언정 감히 조장해서야 되겠는가.

先公이 爲群牧判官이라. 客至하거든 未嘗不置酒하되 或三行
하며 或五行하며 不過七行하되 酒沽於市하고 果止梨栗棗柿하고
肴止於脯醢菜羹하고 器用瓷漆하시더니 當時士大夫가 皆然할 때
人不相非也하여 會數而禮勤하며 物薄而情厚하더니 近日士大夫
家는 酒非內法이며 果非遠方珍異며 食非多品이며 器皿이 非
滿案이거든 不敢會賓友할 때 常數日營聚然後에야 敢發書하나니
苟或不然이면 人爭非之하여 以爲鄙吝이라 할 때 故로 不隨俗奢
靡者가 鮮矣니 嗟乎이라. 風俗頹弊如是하니 居位者가 雖不能禁
하나 忍助之乎아.

註 ① 사마광(司馬光)의 아버지.
　② 군목판관(群牧判官) : 벼슬 이름.

　장 문절공(張文節公)①이 재상이 되었으나, 스스로를
대함에 있어서는 하양(河陽) 땅에서 서기로 지내던 때와
다를 바가 없었다. 그러자 가깝게 지내는 사람들이 간
혹 간하기를 「이제 공께서 받으시는 녹봉이 적지 않거
늘 스스로를 대함이 이와 같으니, 비록 스스로는 진실
로 청렴 결백하게 지내는 것이라 하나 세상 사람들은
자못 공손(公孫)②이 베옷 입는 것을 따라 하는 것이라
고 비방하며 욕을 할 것입니다. 그러한즉 공께서도 대
중의 뜻을 따르는 것이 마땅할 것입니다.」
　공이 한탄하며 이르기를 「지금 내가 받는 녹봉으로
가족 모두에게 비단옷에 좋은 음식을 먹인다 한들 어
찌 능히 하지 못하겠는가. 그렇건만 돌이켜 보건대, 사

람들의 마음이란 검소한 가운데서 사치스러워지기란
참으로 쉬운 일이나 사치스러운 가운데서 검소해지기
란 참으로 어려운 일이다. 내 지금의 녹봉이 어찌 늘
그대로 있을 것이며, 또한 내 몸이 어찌 늘 살아 있
을 수 있겠는가. 하루아침에 지금과 다른 처지에 놓이
게 된다면 집안 사람들은 이미 오랫동안 젖어 있던 사
치한 생활에서 갑자기 검박한 생활을 할 수 없게 되어
끝내는 사는 집마저 잃게 될 것이 아닌가. 그러니 어
찌 내가 벼슬 자리에 있거나 떠나 있거나, 또는 살아
있거나 죽었거나간에 변함없이 처신하는 것과 같다 하
겠는가.」

張文節公이 爲相이라 自奉이 如河陽掌書記時하더니 所親或이
規之曰하되 今公이 受俸이 不少하되 而自奉이 若此하시니 雖自
信淸約이라도 外人이 頗有公孫이 布被之譏하나니. 公이 宜少從
衆이니이다. 公이 歎曰하되 吾今日之俸이 雖擧家錦衣玉食인들
何患不能이리요마는 顧人之常情이 由儉入奢는 易하고 由奢入儉
은 難하니 吾今日之俸이 豈能常有이며 身이 豈能常存이리요.
一旦에 異於今日하면 家人이 習奢가 已久하여 不能頓儉하여 必
至失所하리니 豈若吾의 居位去位身存身亡에 如一日乎이리요.

註 ① 장 문절공(張文節公) : 송나라 때의 사람. 이름은 지백(知白), 자
는 용회(用晦), 문절은 시호.
② 공손(公孫) : 공손홍(公孫弘)을 가리킴. 전한 때의 재상. 삼공(三
公)의 지위에 있으면서도 베옷을 입었다고 함.

　포 효숙공(包孝肅公)①이　경사(京師)의　윤(尹)으로　있을 때에 어떤 백성이 찾아와 말하기를 「백금 백 냥을 내가 맡고 있던 중 맡긴 사람이 죽었으므로 그 아들에게 돌려주려 하나 받지를 않으니, 제발 그 아들을 불러 이것을 받도록 해 주십시오.」

　윤이 그 아들을 부르니 사양하며 말하기를 「돌아가신 아버님께서는 일찌기 다른 사람에게 백금을 맡긴 적이 없읍니다.」

　이와 같이 두 사람은 오랫동안 서로 양보하였다.

　여형공(呂滎公)②이 그 사실을 전해 듣고 이르기를 「세상 사람들 가운데 '좋은 사람이 없다'라는 말을 즐겨 쓰는 자가 있으니, 가히 스스로를 해치는 자라고 할 만하다.」고 하였다.　옛사람이 이르기를 「사람은 누구나 요·순(堯舜)같이 될 수 있다.」고 하더니 이는 모름지기 실로 자기 자신을 보면 알 수 있을 것이다.

　包孝肅公이 尹京時에 民有自言하되 以白金百兩으로 寄我者가 死矣거늘 予其子하니 不肯受하나니. 願召其子하여 予之하소서. 尹이 召其子하니 辭曰하되 亡父가 未嘗以白金으로 委人也이라 하고 兩人이 相讓久之하더니 呂滎公이 聞之하고 曰하되 世人이 喜言無好人三字者는 可謂自賊者矣로다. 古人이 言하되 人皆可以爲堯舜이라 하니 盖觀於己而知之로다.

　圈 ① 포 효숙공(包孝肅公) : 북송 인종(仁宗) 때의 명신. 이름은 증

(拯). 진사에 합격, 여러 관직을 두루 거쳐 추밀부사(樞密副使)에 이름. 죽은 후 예부상서(禮部尙書)로 추증됨. 그의 문인이었던 장전(張田)이 펴낸 〈포숙공주의(包肅公奏議)〉 15권이 남아 있음.
② 여형공(呂滎公) : 송나라 때의 사람. 이름은 희철(希哲), 자는 원명(原明).

이 문정공(李文靖公)①이 봉구(封丘) 문 밖에 살 집을 짓되, 청사(廳事)② 앞에서 겨우 말머리를 돌릴 수 있었다. 그러자 간혹 그곳이 너무 좁다고 누군가 말하면 공은 웃으면서 이르기를「기거하는 집이란 당연히 자손에게 전하여지게 마련인즉, 이곳이 재상(宰相)을 보필하며 관청의 사무를 보기에는 좁으나, 예의를 받들고 축원하는 개인의 청사로서는 너무 크고 넓은 것이다.」하였다.

李文靖公이 治居第於封丘門外하되 廳事前이 僅容旋馬이러니 或이 言其太隘하건대 公이 笑曰하되 居第는 當傳子孫이니 此가 爲宰輔廳事이건대 誠隘이거니와 爲太祝奉禮廳事이건대 則已寬矣니라.

① 이 문정공(李文靖公) : 송나라 때의 유학자. 이름은 동(侗), 자는 원중(愿中), 호는 연평(延平), 문정은 시호. 양시(楊時)의 문인 나종언(羅從彦)에게 사사, 이정(二程)의 학을 전함. 산속에 한거하면서 자연 속에 몰입하여 자득(自得)의 생애를 마침. 주희(朱熹)에 큰 영향을 줌.
② 청사(廳事) : 관청 안의 사무를 보는 곳.

　　문중자(文中子)의 옷차림은 무척 검소하고 깨끗하였
으며, 필요없는 장식을 하지 않았다. 무늬 있는 화려
한 비단, 얇은 비단, 갖가지 빛깔을 섞어 짠 비단, 자
수와 같은 훌륭한 비단이나 아름다운 물건을 들여놓지
않고 말하기를「군자는 누렇거나 희지 않으면 거느리
지 아니하나, 부인에게는 옥 같은 푸른빛이 있어야 한
다.」하였다.

　　文中子之服은 儉以絜하고 無長物焉하더니 綺羅錦綉를 不入于
室하여 曰하되 君子는 非黃白이거든 不御이니 婦人則有靑碧하
니라.

　　초(楚)나라의 광인 접여(接輿)는 밭을 일구어 먹고 살
았는데, 아내가 시장에 다녀와서 말하기를「당신이 젊
었을 때는 무척 의로움을 행하더니, 어찌하여 나이가
들어감에 따라 그것을 버리려 합니까? 문 밖에 수레
바퀴의 흔적이 어찌 이리도 깊게 나 있습니까?」
　　접여가 답하기를「임금께서 나의 불초함을 알지 못
하여 나를 시켜 회남(淮南) 땅을 다스리게 하고자 사신
으로 하여금 금과 사마(駟馬)를 보내어 청하는구료.」
하였다.
　　아내가 말하기를「허락하지 않으셨겠지요?」
　　접여가 이르기를「부귀란 늘 사람들이 구하고자 하

는 바이거늘 부인은 어찌하여 내가 허락하기를 바라지
않소?」

　아내가 이르기를 「의로운 선비는 예가 아니면 움직
이지 아니하고, 가난으로 인하여 지조를 쉽게 바꾸지
않으며, 천한 것을 구하여 행동을 고치지 아니한다고
합니다. 제가 당신을 섬겨 몸소 밭을 일구어 음식을 얻
고, 몸소 길쌈을 하여 옷을 지어 드리니, 배불리 먹고
따뜻하게 옷을 입었으며, 또한 의로움을 좇아 움직였
던 그 즐거움에도 스스로 만족하였읍니다. 하나 만약
다른 사람이 주는 막중한 녹을 받고, 다른 사람의 튼
튼하고 좋은 말을 타며, 다른 사람의 살찌고 신선한
고기를 받아 먹는다면 장차 어떤 것을 얻을 수 있겠읍
니까?」

　접여가 이르기를 「나는 허락하지 않겠소.」

　아내가 말하기를 「임금께서 시키시니 좇지 않는다면
충성이 아니요, 그것을 좇고 또한 좇지 않음은 의로움
이 아니니 이곳을 떠나느니만 같지 못합니다.」하니 남
편은 솥과 시루를 지고, 아내는 베틀을 머리에 인 다
음, 성을 고치고 이름을 바꾸어 옮겨 가니 그 옮긴 곳
을 알지 못하였다.

　楚狂接輿가 耕以爲食하더니 妻從市來曰하되 先生이 少而爲義
하더니 豈將老而遣之哉리요. 門外車跡이 何其深也이잇고. 接輿

가 曰하되 王이 不知吾의 不肖也하시어 欲使我로 治淮南하시어
遣使者하여 持金駟來聘하시니라. 其妻曰하되 得無許之乎이잇가.
接輿가 曰하되 夫富貴者는 人之所欲也이니 子가 何惡我의 許之
矣오. 妻曰하되 義士는 非禮거든 不動할 때 不爲貧而易操하며
不爲賤而改行하나니, 妾이 事先生하여 躬耕以爲食하며 親績以爲
衣하고 食飽衣暖하며 據義而動함이 其樂이 亦自足矣니. 若受人
重祿하며 乘人堅良하며 食人肥鮮하고 而將何以待之오. 接輿가
曰하되 吾不許也하리라. 妻曰하되 君使不從이 非忠也이오. 從
之又違非義也이니 不如去之라 하거늘 夫負釜甑하고 妻戴紝器하
여 變姓易名而徙하니 莫知所之하니라.

注 ① 접여(接輿) : 춘추시대 초나라 사람. 〈고사전(高士傳)〉에 성은
육(陸), 이름은 통(通), 자는 접여라고 적혀 있음. 정치에 무상함
을 느껴 머리를 풀어 헤치고 미친 척 행동하였으므로 당시 사람들은
초광(楚狂)이라 불렀음.

□ 발문(跋文)

　내가 오로지 인수왕대비전하를 공경하여 세조대왕께서 계시던 궁궐과 아직 즉위하시기 전에 계시던 저택의 양쪽 일을 맡아 보았는바, 밤낮으로 게으름없이 부지런하시더니 급기야 책을 쓰시게 되었다.

　빈(嬪)이 되신 후에도 모름지기 부인의 도를 지키고 삼가 조심하니, 임금의 수라상을 친히 돌보실 뿐만 아니라 항상 곁에서 떠나지 않으셨다. 세조대왕께서는 항상 '효부(孝婦)'라는 칭찬을 아끼지 않으셨으며, '孝婦'라고 새긴 인장까지 하사하심으로써 효심을 밝게 드러내시었다.

　타고나신 성품이 엄하고 바르신 대비전하께서는, 왕손들을 교육시키는 데 있어서 조그만 잘못이나 실수가 있더라도 이를 덮어 두시지 않고 즉시 정색을 하시며 훈계로 다스리셨다. 이에 양쪽 궁에서는 '폭빈(暴嬪)'

이라고 우스갯소리를 할 정도였다.

세조대왕께서는 주상전(主上殿)①을 '아자(我子 : 내 아들)'라 부르셨고, 대왕대비께서는 월산대군②을 '오자(吾子 : 내 아들, 우리 아들)'라 부르시며 위로하시되, 이와 같이 엄하게 가르치셨으니 오늘날 달리 무슨 할말이 있으리요.

오래도록 평안하고 즐거운 생활을 하시는 동안 틈이 날 때마다 부녀자들의 무지함을 근심하여 열심히 애써 가르치시곤 하셨다.

그러나 〈열녀(烈女)〉〈여교(女敎)〉〈명감(明鑑)〉〈소학(小學)〉 등의 책들은 권수가 어지럽고 복잡하여 처음으로 배우고자 할 때에는 참으로 힘이 들었다. 따라서 친히 잘라 낼 대목은 잘라 내고 중요하고 절실한 부분들을 취하여 총 일곱 장의 책으로 만들고는 책이름을 〈내훈(內訓)〉이라 붙이셨다. 이후 한글로 옮겨 쉽사리 읽힐 수 있게 하시니, 아무리 어리석은 자라 할지라도 한번 읽으면 그 내용을 확실히 알아 낼 수가 있었다.

내가 살펴본 바에 의하면, 어질고 현명한 역대 왕비들 가운데에는, 시부모를 공경하면서 어질고 효성스런 덕을 다하고 자식을 엄격하게 교육하여 나라와 집안을 빛내게 하는 인재들을 길러 내신 분들이 많았다. 그러나 친히 훈계하는 글들을 모아 후세에 길이 전하시는 분은 많지 않았다.

　인수대비께서 이 책을 지으신 참뜻이 어찌 왕족만을
가르치는 데 있으리요. 민간인은 물론이요 어리석은
일반 부녀자들까지 조석으로 틈틈이 익히고 외어 마음
속 깊이 참뜻을 음미한다면 차츰 집안의 도가 어떠해
야 하는가를 알 수 있을 것이다.

　이 어찌 풍속과 교화에 적은 도움만 되겠는가.
생각할수록 대단하신 분이로다!

　　성화(成化) 을미(乙未) 첫 겨울, 십오일. 상의(尚儀)
신(臣) 조씨(曹氏)가 공경스럽게 발문을 바치노라.

恭惟我仁粹王大妃殿下 自在世祖大王潛邸 承事兩宮 晝夜靡懈.
及冊寫嬪 尤謹婦道. 躬執御饌 不離左右. 世祖大王常稱孝婦 造
賜孝婦圖書 以顯孝焉. 天資嚴正 所育王孫等 少有過失 略不掩護
即正色誡飭. 兩宮戲名暴嬪. 世祖大王稱我主上殿曰我子. 大王大
妃稱月山大君曰 吾子以慰焉. 嚴敎如此 以至今日 可勝言哉. 承
歡長樂之餘 患女婦之無知 孜孜訓誨. 然烈女女敎明鑑小學等書 卷
帙浩繁 初學病焉. 親自睿斷 撮其切要. 惣成七章. 名曰內訓. 繼
以諺譯 使之易曉. 雖至愚駿 一覽瞭然以便習誦. 竊觀歷代賢妃
勤事舅姑 以盡仁孝之德 嚴於敎子 以成國家之慶者多. 而躬撰訓
書 垂誡者鮮矣. 是書之作 奚啻仁粹殿下之敎玉葉耶. 以至閭巷愚
婦 女工之暇 朝習暮誦 於心玩味 則漸知克家之道. 其於風化豈小
補云. 嗚呼至哉.
　成化乙未孟多十月五日 尚儀 曹氏 敬跋

註 ① 주상전(主上殿) : 세조의 큰아들로서 수빈(粹嬪) 한씨(韓氏)의 남편인 장(暲)을 일컬음. 당시 세자였던 장은 즉위하기 전에 죽음으로써 덕종(德宗)으로 추존됨.

② 월산대군(月山大君) : 인수왕대비의 아들로서 성종(成宗)의 형. 휘는 정(婷), 자는 자미(子美), 호는 풍월정(風月亭), 시호는 효문(孝文).

□ 교주자 · 이민수

• 예동사숙(禮東私塾)에서 한문 수업
• 독립운동사편찬위원회 집필위원
• 세종대왕기념사업회 국역위원
• 저 · 역서 :《사서삼경 입문》《양명학이란 무엇인가》《삼국유사》
  《효경》《징비록》외 다수

◈ 新譯 內 訓 (원문 · 昭惠王后 韓氏)

1985년 8월 10일 초판발행
2013년 3월 15일 중판발행

교주자   이   민   수
발행자   지   윤   환
발행처   홍 신 문 화 사

서울 동대문구 용두2동 730-4(4층)
대표 전화 : 953-0476
FAX : 953-0605
등록 1972. 12. 5 제6-0620호

ISBN 89-7055-033-X 03130